# インド

## やっぱりノープロブレムへの旅

Hinomoto Yuriko
ひのもと由利子

石風社

# ね？　楽しいよねインド

インドは変化自在の摩訶不思議な国である。

私が拾い集めた赤ばかりのジグゾーパズルのピースを誰かに見せたとしても、もしかしたら他の人は黒だと言うかもしれない。又別の人は青だと言うかもしれない。しかし私がインドは赤いと言えばそれは私にとって真実であるし、インドは白だと誰かが言えば、それも又その人にとって真実である。インドはそういう国なのだ。

それだけではない。赤だったはずのピースはある日気付いてみるとピンクに変わり、あれ、ピンクだったのかと思えば、今度は白に変化していたりする。

さらに驚いたことには、それはある日突然輝き始めるのだ。

インドの旅は光への旅。そして光は有難うの中にある。だからインドの旅は有難うに目覚めていく旅なのだ。

赤だったはずのそのピース、それは元々光っていたのに、今までの自分には見えなかっただけなんだ、と気付くのだ。

一つ扉を開ければ新しいインドが展開して、又新しい自分に出会っていく。そしてその扉はいくら開けても又次が現れて、永遠に異次元まで続いているに違いない。
今度の扉の向こうではどんなインドと出会っていくのか。もしかしたら輝き始めたそのピース
は、今度は踊り出したりするかもしれない。
さて、それでは第二幕の始まり、始まり……。

# インド　やっぱりノープロブレムへの旅

◉目次

＊登場人物は一部仮名です

# インド　やっぱりノープロブレムへの旅

# おとぎの国のミルクティ

インドの何がそんなに好きかと言われれば、私はお茶屋が好きなのだ。もしもインドにお茶屋がなかったら、私はインドに行かないかもしれない。

新しい町に着いて宿に落ち着いたら次にまずすることは、居心地の良いお茶屋を見つけることである。

その町にどれくらい滞在するかは、私の場合、良いお茶屋に巡り合えるかどうかにかかっていると言っても過言ではない。そして気に入る良いお茶屋を見つけた時は、ついずるずるといつまでも居着いてしまう。

インドのお茶屋というのはお茶を飲むお店のことだから、日本式にいえば喫茶店ということになるのだが、喫茶店とは少し違う。

待ち合わせをするお洒落な場所、あるいは街に買物に出掛けて歩き疲れたときに一時《ひととき》の静けさと音楽とコーヒーを楽しむ場所、というのが私の喫茶店のイメージだが、大体そういう時くらいしか喫茶店なんか利用できない、私には高すぎて。

インドのお茶屋は、ちょっと休憩したいなと思った時に自販機に百二十円入れてポンとボタンを押して缶コーヒーを買う、その横に置いてあるベンチに座ってほっと一息つくといった感じの手軽な休憩所で、その自販機が人間になった、という雰囲気の場所である。

しかしお茶屋はそんな缶コーヒーを飲むだけのような味気無い場所ではなく、近所の人のたむろする井戸端会議の拠点の一つのこともあるから、むしろ角打ち屋に近いかも知れない。

ところでインド人はほとんどお酒を飲まない。

インドではお酒を飲むということは、人から後ろ指をさされることらしい。警察にしょっぴかれるわけではないが、日本で言えば麻薬を吸うというような感覚かもしれない。だから探せばあるらしいが酒屋というものは見たことがないし、レストランに入っても普通お酒の類《たぐい》は置いていない。

日本では酒を飲まないと人付き合いもままならないが、インドではお酒を飲む時は、大の男でも見つからないようにこそこそ隠れて飲むようだ。

だから飲み屋というものはめったに存在しないが、昼間から気軽に立ち寄れる健全な角打ち屋といえば、それはお茶屋のことである。

日本の角打ち屋と違うところは、アルコールを飲むわけではないので朝早くから近所の人が気軽にたむろしていることだろう。そして日本と同じところは男性しか来ないというところだ。

女性は絶対に来ないというわけではないが、インドでは買物などの用事がない限り、まだまだ女性は自由に外を出歩いたりはしないようで、彼女達は誰かの家の中で集まって井戸端会議をしているのだろう。たまにお茶屋に座っている女性を見ると、それは必ず旦那さん同伴でどこかからやってきた旅行者だ。

地元の女性が一人で、あるいは女性同士でお茶屋に来るということはまず無い。勿論わざわざ夫婦で来るということもないから、女性はお茶を飲みたいときは家の中で飲むのだろう。
だから角打ち屋に、ではない、お茶屋に来る客は殆ど全員男性なのだ。

町の中のお茶屋は道端に七輪《しちりん》のようなものを一つ置いて、その上にやかんを乗せて親父がパタパタうちわで火を扇いでお茶を作り、客はやはり道端にポンと置いてあるベンチに座って飲むだけの、簡易休憩所のような感じの所だ。あるいは屋台のこともあるし、食堂を兼ねているところもある。田舎では掘っ立て小屋でかまどがあったりする。

お茶は大体一杯二ルピー（五円位）なので、現地の物価に換算しても私達が自販機で百二十円の缶コーヒーを買うより安いと思う。

だから現地の人もちょっと一服というときに気軽にお茶屋に寄って、あつーい、あまーいミルクティを楽しむのだ。

暑いインドではツーリスト達は好んで冷たい炭酸飲料を飲む人の方が多いが、私はお茶の方が好きである。

場所にもよるが、お茶屋は町の中には自販機と同じ位沢山あって、ここは近所の人の社交場でもある。尤《もっと》もインド人はお茶屋に限らずあらゆる場所を社交場にしているが。

一人でタクシーを拾っても、運ちゃんの隣に誰やらわからん人が座っていたりするのはよくあることで、それどころか、これまた誰やらわからん人が途中で何人も乗り込んできたりする。最初は身構えたりしていたが、どうもただの運ちゃんの仲良しさんのようなのだ。

だから他の場所でもそうだが、お茶屋にも何も注文せずに当然のような顔をして長々と座っている人達が何人もいて、たまに店の仕事を手伝ったりしているから、誰が客で誰が店の人なのか分からない。お茶を注文しないどころか、通りすがりの人が水だけ勝手に飲んでいったりするのを見かけることもある。実に大らかだ。

お茶屋には新聞が置いてあるところがある。日本のようにたった一人が読むためだけに個々の家に配達したりはしない。一人が読めばそれはもうゴミになるだけだ。(一人暮らしのインド人なんかいるんだろうか)。こうやって近所の人が集まる所に置いておけば誰でも読むことができるし、それをきっかけに会話が始まったりする。

だから朝はお茶を飲みながら、近所の人は新聞を回し読みして、隣に座った人と今日の出来事について話し合ったりするのだ。

インド人はそこらの唯のおっちゃん達でも、よく世界情勢や政治について討論している。寄ると触ると景気回復の話ばかりしている日本人とはちょっと違うようだ。あるいは子供の進路を相談し合ったり、よその娘さんの噂話をしたりするのだろう。少し田舎のお茶屋にいくと簡易ベッドなんかが置いてある所もあって、客は一服ついでに昼寝して、ゆっくりこの至福の時を満喫している。

昔の日本にはこういう場所があった。

私の子供の頃は近くにある散髪屋が近所の人のたまり場で、お茶が出るわけではないが、ちょっと暇を持て余した人がこの散髪屋に寄り合って来たものだ。そして順番待ちの人のための椅子に座り、何だかんだと井戸端会議をしてはリフレッシュして又仕事に戻って行ったのだ。

その頃の日本には、まだ時間的にも精神的にも井戸端会議を楽しむゆとりというものがあったのだ。隣近所のつながり、地域の輪というものがあった。

私もたまにそこの散髪屋に行って、順番待ちの人のために置いてあった漫画を読んで時間を過ごしたものである。店主も商売の邪魔だからと目をつり上げたりはしない。古き良き時代だった。私達が失ってしまったのは、そういう近所同士の豊かな連帯である。

インドでは大きな町に行っても人々の意識は村の人のもので、近所の人全員が一つの家族のような感じがする。

余程の大都会でない限り、基本的に住んでいる場所と働いている場所が同じか、せいぜい自転車で行ける程度の範囲内のようなので、近所の人達は住民のことをお互い良く知っている。誰が何処に住んでいて何をしているのか皆知っているし、子供も父親の働く姿を間近に見て育つのだ。健全な社会である。

私の子供の頃は近所の人皆が顔見知りだという安心感があった。その頃は飼い犬の家や名前さえも皆が知っていたのだ。

私達のたまり場だった散髪屋には、十円という名前の犬がいた。とりたてて何の取り得もない犬だったけど、たまり場に飼われているおかげで彼は近所の人皆と友達だった。鎖に繋《つな》がれていたわけでもなかったし、トコトコ道を歩いていると、近所の人は「おい、十円どこ行くとか」とか話し掛けたものだ。

昔は犬も地域の住人の一員で、皆で可愛がっていたのだ。子供だった私もいつも近所の人達に見守られていたように思う。

インドではまだ子供は地域全体で育てるものだという考えがあるのか、道端で殴り合いの喧嘩を始めた子供を通りがかりの大人が止めさせたりしているのを見かけることがある。大人は子供をブン殴って喧嘩を止めさせ、ついでにストレス発散もしているようだ。

インドを旅して日本の我家に帰って来ると、いつも物が多いのに今更のように驚く。

昔まだ日本が貧しかった頃は、近所の人同士で物を借り合い、分け合い、助け合って暮らしていた。経済的に豊かになって私達は必要な物を全て各家庭で所有するようになり、必要な物を好きな時にいつでも使うことができる自由を手に入れた。

こうして便利さと引き換えに助け合いの必要性を失って各家庭は独立していき、地域の係わりから切り離されていったのだ。

テレビを他の家に見せて貰いに行くこともないし、電話を借りにいくこともない。家の中に全てのものが揃って生活が豊かになった時、私達は助け合いの豊かな精神を忘れたのである。

あちこちの町にはお気に入りのお茶屋が何軒かあり、だからお茶屋の知り合いは多い。

インドに行くといえばまず頭に浮かぶのは、私の大好きなお茶屋のおっちゃん、チャンディの顔だ。あー、インドへ行くんだ。またチャンディに会えるぞ。

チャンディのお茶は、一杯一ルピーだった。

地元の人に対してはどうか知らないが、他の店のお茶は全て二ルピーだから安いのだ。そしてそれがチャンディだった。彼は儲《もう》けを第一に考えて商売をせず、また相手によって値段を変えることもしない。

知らないお茶屋に入ると、ツーリストプライスを取る店は結構多い。お茶を飲み終わって二ルピー出すと、あんたは五ルピーだと言われる。他の客は二ルピーなのにどうして私は五ルピーなのだと抗議すると、あんたのはスペシャルだと言われる。

実際にスペシャルというものがあるのは知っているが、私はお茶を頼むときにスペシャルと注文を付けたことはないし、店員も決してお茶を出す前に普通のものかスペシャルかと訊いたりしない。そして出されたものが普通のものか本当にスペシャルだったのかは知らないが、彼等はツーリストと見ると、値段だけはスペシャルを取るのである。

ここが全く不思議なのだが、スペシャルの料金を取られたことは数え切れないほどあるが、お茶を出す前に、これはスペシャルだよ、五ルピーだよ、と念を押されたことはただの一度もない。そしてまた飲んでみても、これはいつものお茶よりおいしいと思ったことも一度もない。

普通のもので高い料金を請求すれば文句を言われるのは分かり切ったことなのに、彼等には外人と見れば取ってやろうという考えしか無くて、お互い嫌な思いをすることよりも、たったの三ルピー余計に取ることのほうが大事らしい。

たかだか三ルピー余計に取って彼等は得した気分になっているようだが、その三ルピーのために彼等の心は欲の渇きに支配され、客からは不機嫌を返されるのだ。こっちの方がよほど損ではないか。もしも客が文句を言わなくても、彼等は欲を出した時点で心の平和を失うのだ。チャンディはそういうことの害をちゃんと知っていた。チャンディは余計な欲というものから完全に解放されていたので、どっしりと落ち着いて見えた。

彼は、今ちょっと物入りだから、と言って一日に二十時間も働いているのだった。

「チャンディ、そんなにお金が必要なんだったらお茶を値上げしたらいいのに」

と言うと、チャンディは寝不足の赤い目をこすりながらこう答えるのだ。

「いや、それはしたくない。ここは聖地だ。インド中から巡礼がやって来る。その人達に安くておいしいお茶を提供して彼等に喜んでもらうのが俺の仕事なんだ。そうすれば俺自身は巡礼に行けなくても、彼等の心の中に入って彼等と一緒に巡礼に行ったことになるからな」

チャンディは仕事を通して社会に奉仕するカルマヨーガを行じているのだ。

チャンディは実に真っ当な考えの持ち主で、

「いいか。母親を大事にしろよ。母親は神様だぞ。毎日手紙を書け。そうすれば毎日お母さんは喜ぶぞ」

と言うのだった。そして郵便局の帰りに、

「今、お母さんに手紙出してきたよ」

と言うと、

「おお！　そうか。それは良かった。お母さんはハッピーだぞ」

と、まるで自分が手紙を受け取ったかのように喜ぶのである。

チャンディはインド人らしく信仰心の厚い人で、時間が空いた時はお寺で過ごしているようだった。

チャンディはゴーラクナートというお寺が大好きで、たまにそこにも汽車に乗って出掛けているらしい。私も一度行ってみたいと思っていたのだが、今回、汽車の中で仲良くなった男の子、アビにバイクで連れて行ってもらった。アビは育ちの良さそうな大学生の男の子で、密《ひそ》かに付き合っている同級生の女の子の話をしてくれた。

お寺に着いたら私は一目でそこが大好きになった。それはタイガーバーム庭園も真っ青というド派手さで、お寺というよりはむしろ遊園地のように楽しい場所だった。そしてそこのお寺が好きだというチャンディが私はますます好きになったのだ。

今回再会したときに、ガンガー（ガンジス川）から汲んできた水をきれいな真鍮《しんちゅう》の密封容器に入れてお土産に渡したら、チャンディは「おお！　これは有難い！」とお祈りを唱えてからおもむろに蓋《ふた》を開け、一気に中身を飲み干した。

げげっ。この入れ物洗ってないし、中の水はもう三ケ月程も前のものなんだけど……。

まさか飲むとは思わなかった。事実、他のお水を上げたインド人は頭に振りかけるくらいで、飲んだ人は誰もいなかったし。

もしかしたらお腹をこわしてしまったかもしれない、と次の日心配しながら店に行ってみたら、チャンディはいつも通りピンピンしていた。

おそるべし、インド人の信仰心。

お茶屋には店の中に椅子とテーブルを並べた食堂のようなところもあるが、私は道端に置いてあるベンチに座って道行く人をじろじろ眺めながら飲む方が好きだ。

インドでは人をじろじろ見てもいいのである。

フランスのカフェで外のテーブルに座ったときは通行人のファッションを眺めるのが楽しいが、インドでは人間そのものが楽しい。

私はお茶飲み助《すけ》で、しかも甘いミルクティは大好きで、お茶を飲みながら道行く人をじろじろ見るのは最高に楽しい。

あるツーリストが、インドの道にカメラを据《す》え付けて通行人の様子を二十四時間放送のテレビで流したら面白いに違いない、と言っていたが、もしそんなテレビ番組があったら絶対見るけどな、私なんか。

「ねぇ、チャンディ、歩いてる人見てると面白いね。まるで映画みたいね」

「そうだな」

「でも私はこの映画を見てるのかな。それとも出演してるのかな」

「両方だよ」

「両方？」

「そうだ。人生というのは映画なんだ。自分が主役で出演して、そして同時に観客として見ているんだ。それがこの世界だ」

私はいつも毎日数時間をチャンディのお茶屋に座って過ごした。

一人で座っていても通る人をじろじろ見るだけで十分楽しいが、隣には入れ替わり立ち替わりいろんな人が座るから、話し相手に困ることはない。

ツーリストが来れば役に立つ情報をもらえることもあるし、インド人が来れば近所の人の噂話に花が咲く。一度話せば顔見知りになるから、毎日お茶屋に座っているだけで知り合いはすぐに沢山できる。

隣に座ったサドゥ（行者）から素敵な言葉を貰《もら》ったこともある。


「心の中に幸福があるとき貴方は微笑むでしょう。

そして微笑んでいるとき貴方は花になります。

微笑みなさい。そして花になりなさい。

私は花です。私は微笑みです。私は幸福そのものです。

そして幸福は神様です。」


しかしサドゥも色々で、中には困った人もいる。

チャンディの店の二階には一人のサドゥが住み着いていて、彼はその家の用事を細々《こまごま》と手伝って居候《いそうろう》しているようだった。

ある日、私がお茶を飲んでいるとそのサドゥが隣に座って、一杯おごってくれ、と言う。彼は食べるのには不自由していないが現金は持っていないので、どうぞ、と御馳走した。

　ところがこのサドゥ、それから私がチャンディのお茶屋に行くと毎回必ず隣に来てお茶をねだるのだ。野良猫に一回餌を上げれば癖になってなついてくるらしいが、このサドゥは野良猫のような人だった。私がお茶屋に座って話していると声を聞き付けて、あ、お茶おごってくれる人が来た！　という感じでにこにこしながら大急ぎで二階から降りてくるのだ。

　しかし彼は礼儀知らずの不届き者で、はじめの二、三回は、お茶いいかなぁ、と遠慮気味に言っていたのだが、次第に態度が大きくなって当然のように、今日もお茶ね、などと要求し始め、五回目くらいには私を無視して、

「お茶一杯ね。金はこいつが払うからよ」

と、直接チャンディに注文したのだ。

　彼は無邪気な人であったが、いい歳をしたおっさんのくせに、反対の立場に立ったことがないから与える側の気持ちが分からないのだろう。怒りましたね、当然。

　しばらくはイジけた子供のようにおとなしくしていたが、彼はほとぼりが冷めた頃、またしても私の声を聞き付けると懲《こ》りずに二階から降りて来るようになった。そして、お茶おごってくれないかなぁ、と期待する目付きで少しずつ私のそばに寄って来てにこにこして座っているのだった。ほんと野良猫のような奴。

　毎日お尻に根が生えたように長い間座ってお茶を飲んでいると、帰る時にはいつも何杯飲んだ

か分からなくなり、お金を払う時は毎回困った。

「ねぇ、チャンディ、私今日は何杯飲んだっけ？」

「うーん、そうだなぁ、確か五杯じゃないのか」

「ええと、多分それくらいよね。あ、ヨーグルトも食べたよね」

「あ、そうそう」

チャンディは、いつも他の客に向かって、

「彼女はいつも自分が何杯お茶を飲んだか覚えてないんだよ」

と言って笑っていたが、それでもお互い、これをどうにかしようとは思わなかった。毎日困るのなら飲む度に正の字を書いていくとかすればいいだけの話だが、何故か二人ともそういうことは思いつかなかった。

お互い納得し合えば、それが正しかろうが間違っていようがノープロブレム（問題ない）なのだ。

日本では客が飲んだお茶の数の管理や確認なんていうのは当然店側の役目なのだが、インドでは店と客の共同作業のようだ。この辺、インドの人はあくせくしていない。絶対損してはいけない、取り損なってはいけない、ちゃんと伝票に付けなければ、などとは考えもしないようだ。

（考えているらしい人もいるが）。

チャンディはお茶を渡すときいつも、ふん、と鼻で言って渡す。

「チャンディ、お茶一杯ね」

「ふん」

「チャンディ、このヨーグルトにもう少し砂糖かけてくれる」

「ふん」

インドでは商売をしている人も、別に客に対して丁寧な態度を取ったり、特別なサービスをしたりはしない。客と店員、売手と買手という上下関係はなく、ただ人間同士の係わりがあるだけだ。

私はこのチャンディの「ふん」というのを聞くのが大好きだった。

そもそもインド人は、お客様は神様とはぜーんぜん思っていない。お金のやり取りがあっても、それはお互いギブアンドテイクの関係なのだ。客はお金を与え店の主人は品物を与えるだけのことで、お互いに助かっているはずなのに、どうして日本では売手だけが有難うと言うのだろう。有難うという言葉が本当に真心から出たものだったら素晴らしいけれど、口先だけのものだったら、どうしてそういう無理をする必要があるのだろう。たまには嫌な客だっているはずなのに。それがただ単に、良い印象を与えて他より多く客を手に入れるための形ばかりの上つらだけだとしたら、商売をすることはそれは面白くないに違いない。本心とは違うことを言わなければならないんだから。

お茶屋にはヨーグルトが置いてあるところもあり、これはその店の手作りである。

夜、大きなフライパンのような平たい入れ物に牛乳を入れて、その日の残りのヨーグルトを入れると、次の日には新しいヨーグルトが出来上がる。

その店で売っているヨーグルトはその店の主人が作ったものなので、作った人の顔が分かるというのは安心なものだ。少し話をすればその人の人柄が分かる。そして人柄が分かれば、その人の作ったものも分かるのだ。

私の知っているお茶屋さんは皆、職人気質《かたぎ》で、「俺のヨーグルトが世界中で一番うまい！」と誇りを持っていた。今の日本にはこういう人はどれくらいいるんだろう。

ヨーグルトは生き物なので、その日の温度や湿度で又味が違う。しばらく売れ残っていたようなものに当ると、かなり発酵が進んで酸っぱくなっている。それを考えたら、日本のスーパーで売っているヨーグルトはどうして買って何日たっても味が変わらないのか不思議に思う。

インドに来て初めて、ヨーグルトは時間がたつと味が変わるものだということを知ったのだった。

ここでは食堂が遠くて毎日食べに行くのが面倒臭かったので、私は殆どチャンディのお茶とヨーグルトと、あとはバラ売りのビスケットだけで過ごした。ヨーグルトは毎日一キロくらい食べていたから、私はお得意様だったに違いない。


チャンディのお茶屋は、やはり道端にベンチを置いて道端に出した大きな七輪のようなものでお茶を作って売っていたが、椅子とテーブルを並べればちゃんとした店になる、六畳くらいの大きさの部屋も奥にあった。しかし彼はここを物置にして使っていた。

どこのお茶屋にも常連というのがいるだろうが、ここにも毎日やって来る常連が何人もいて、彼等はチャンディが好きで集まってくるのだから、その一人である私は常連達皆と気が合った。たまたまそういう人が何人か揃《そろ》ったら、中の部屋に引っ込んでいきなり音楽を演奏し始める。チャンディの物置には太鼓が二、三個置いてあって、興《きょう》の乗った人が太鼓を叩き始め、皆で大演奏になり、楽器のない人は手を叩いたり足踏みしたりその辺の鍋を叩いたりして、昼日中《ひるひなか》から酒も飲まずに盛り上がるのだ。

勿論そういう時はチャンディも商売なんかそっちのけで、この即席のオーケストラに加わる。もし客が来たら誰か気のきく常連がさっと外に出て商売をするから問題はない。

そのうち道行く人がこの大演奏を聞き付け、飛び入りで仲間に加わり、踊り出す人なんかも出てきて（私である）お茶屋はいきなりライブハウスに早変わりしてしまう。

こんなことやってるんだからインドではストレスなんか溜まる暇はない。毎日が楽しくて仕方ないので、あっと言う間に時間が過ぎていってしまうのだ。

ケダル、ボレナート、ラビー、ジャガンナート。みんな私の大好きな常連たち。

インドでは、こんにちは、さようならの挨拶は普通ナマステと言うが、チャンディの店ではマハーデーウと言い合う。

常連の中にはたまにしかやって来ない人もいて、だから私は全員の顔を覚えているわけでは無い。しかし道を歩いていてすれ違いざまに「マハーデーウ」と声を掛けられると、思わず私はニンマリしてしまう。

ほんのちょっとインドに来てみただけのただのツーリストの私でも、インド人は仲間として受け入れてくれる。優しい国である。

ある日、このチャンディの物置部屋におばばが住み着いた。

彼女はいつ行ってもこの部屋の隅っこの同じ場所に座っており、たまにインド式コンロで煮炊きしたりしていた。ところが、楽器か何か物を取ろうとして彼女の方に近付くと、「こら！」と大声で怒鳴るのだ。

「ここからここまでは（と二畳程の範囲を指差し）私の陣地だ。入るときは靴を脱げ」と言う。

ここからここまでと言われても、別に線が引いてあるわけでも何かが敷いてあるわけでもないし、大体おばばの半径一・五メートルくらいの範囲なのだろう。

「ねえ、チャンディ。誰、あの人」

「ああ、あの婆ちゃんね。彼女は嫁と仲が悪くて、ついにある日大喧嘩して家出しちまったんだってよ。南インドから歩いて来てどこにも行くとこがないって言うから、あそこに置いてやってるんだ」

「え。プッツンして南インドから歩いてきたって！」

「そうなんだ。金もないくせに元気な婆ちゃんだよな」

だってここは北インドなのに、一体何千キロ歩いて来たというのだ、あのおばばは。

これだけの距離を後先考えず歩いてくるなんて、よっぽど怒ってたんだろうなぁ。怒りも又エネルギーなのだ。

それにしても彼女は物置の一部を占領しているとはいえ、物好きなチャンディに拾われただけで別に家賃を払っているわけでもないくせに、やたらと威張っているのだ。

いつものように常連の気の合った仲間が揃って中に入ると、

「こらっ！　ここには入るな！　あと二歩さがれ」

とわめき、音楽でも始めようものなら、

「うるさい！　外でやれ！」

と吠えるのだ。

勝手に居着いただけの居候の癖にどうしてそう態度がでかいのだ。嫁さんとうまくいかない訳がよく分かる。今頃嫁さんはほっとしているだろう。

せっかく又太鼓でも叩こうと集まってきた近所の人も、

「今はあの婆さんが居るからなぁ」

と苦笑いし、おばばに怒鳴られてやれやれと出て行く。ここで、

「何さ、居候の癖に」

と、怒ったりしているのは私くらいのものである。

昔の日本には居候という人達が沢山いたらしいが、インドではあちこちでこういう人を見かけた。

行く所がなくて誰かの家に何となく居着いてしまった人達で、特に働こうとするわけでもなく、又、ただ飯を食べてるからって別段恐縮している様子もない。そして家主も又、さっさと出ていけと迷惑がったり、邪険に扱ったりはしないようだ。

なんて大らかなんだろう、ここの国の人達は。ノープロブレムなんだなぁ。


お茶屋といえばミルクティだが、スペシャルティ、コーヒー、ホットミルクなど、他にもメニューはいろいろある。

チャンディは一人でやっているから、一度に大勢の客が来ていろんなものを注文したときには、てんてこ舞の忙しさになる。

その割にはいつもあぐらをかいて、どっかりと座り込んだまま仕事をして全然動こうとしない。従って、立ち上がってお茶を取りに行くのは客の方である。全くお客様様なのだ。そして、

「えーと、コーヒーは誰だったかな。ほい、できたよ。おい、ちょっとそこの人、これをあの人に渡してくれ。ふん」

と平気で客を使い、客も当然のように協力している。

何て自然な行為なんだろう。

なのに、こんな当り前の行為が新鮮に見えてしまうことに私は驚くのだ。

日本だったら幾ら店主が忙しくても、常連ならいざ知らず、初めてちょっと立ち寄っただけの客が手伝うなんていうことはあり得ない。客は店主のてんてこ舞には目もくれず、まだなのか、

と文句を言ったりするかもしれない。

私達はいつからこういう当り前の人間同士の係わりを無くしてしまったんだろうなぁ。

大変そうにしている人がいたら、ほんの少し手を貸してあげようと思うのは、人間として当り前のことのはずなのに。


お茶屋は一ルピーや二ルピー単位の商売だから、百ルピー札なんか出すと釣りがないと言われる。そこでどうするかというと、明日払え、と言うのだ。

これは何も行きつけのチャンディの店に限ったことではなく、他の店でもそうなのだ。明日払えって言ってもこっちは旅行者なのに、今日の夜にはもう何処かに行ってしまうかも知れないじゃないの。ツーリストと見ればお茶代五ルピー取るお茶屋もいるというのに、人間は色々だ。

同じ宿に泊まっていたボスニア人のミロは、フランスにいる息子からいくらか送金してもらったらしいのだが、何の手違いか、いくら待ってもお金が届かない。

二週間たち、三週間たち、一ケ月たってもお金は届かず、ついに彼は無一文になってしまった。

「全然お金ないって、じゃあどうやって生活してるの」

「宿代は取り敢えず待ってもらっている。御飯は毎日知り合いのとこで御馳走になって、煙草とかお茶とか、あと日常の細々したものを買うときは全部ツケなんだよ」

ツケ。

昔の日本では常連が飲み屋とかでツケにしたりはしていたけど、彼はただのツーリストなのだ。

彼は何回もインドに来ていて顔馴染みの人は沢山いるようだったけど、それでも明日にはとんずらしないとも限らないじゃないの。

そんなこと言ってもミロは困ってるし、困ってる人を助けてあげたいと思うのも、又、人間として当り前の感情だろう。だから一文無しで不便には違いないが、ミロは困り果ててにっちもさっちもいかないという感じではなかった。

彼の人柄の良さもあるのだろうが、インドにはまだこんな人情が残っているんだなぁ。

私は毎日チャンディの店に通ったが、チャンディは口数の少ない人で、こちらが話し掛けないと自分からは余り話さない。そして私もそうなので、考えてみればチャンディとはあまり話をしたことがなかった。

それでも私は毎日チャンディのお茶屋で数時間を過ごした。

一緒にいるだけで落ち着く人、というのはいるものである。

そうこうしているうちに、あっと気が付くとまたしてもビザの期限切れが迫っている。

しょへー、又ネパールにビザ取り直しに行かなくっちゃー。

日本に帰っても仕事があるわけではないし手のかかる男子供が待っているわけでもないから、当然ここで、ビザが切れたから帰国しよう、などという考えは浮かばない。

金の切れ目が縁の切れ目。お金が底を付くまでしつこくインドにしがみついているのだ。こうして私は、インドに来たらいつも浦島太郎状態になってしまう。
もしも此《こ》の世におとぎの国があるとしたら、それはここだ、インド。

# お茶目なおっちゃんアショク

インドも何回か行っていると、いつも足が向いてしまうお気に入りの町がいくつかできるものである。そしてそういう場所にはお気に入りの宿がある。

アショクは、そういう馴染みの宿のオーナーだった。

アショクの宿はごく一般的な安宿、日本で言えば民宿のようなもので、部屋数は全部で二十位のこじんまりした所だ。部屋の中にはポンポンとベッドが二つ置いてあり、あとは椅子と小物を置くための小さいテーブルがあるだけの、シャワー、トイレも共同といったかんじの簡素な宿だ。

私はここに来るといつも二階の眺めの良い角部屋を取ることにしていた。

アショクの宿に限らず、宿に着いて部屋に入ると私はまず掃除をする。変に綺麗好きなところのある私はインド人の掃除が信用できないのだ。

大抵のツーリストはインド人から見ればこの綺麗好きという病気にかかっているようで、とにかく綺麗じゃないと気が済まないから、やたらと汚いところばかりが目に付いてしまう。だからいつも何か汚いところはないかと探し回っていて、本当は綺麗好きというのは汚いもの探し病じゃないかと思ったりする。

しかし言っちゃ悪いが、インドの宿はお世辞にも清潔とは言えない。それどころか、たまに余りの汚さに卒倒しそうになるくらいなのだ。

ある時泊まった宿は水洗式のトイレは水が流れず、ホットシャワーの設備はあったがとうに壊れ、カーテンは触るのも嫌なくらい汚かった。余りにボロなので古い宿なのだろうと思ったら、五年前に建ったばかりだという。どう見ても百年は掃除していないような汚さなのだが。

勿論きれいな所もあるが、大体インド人のきれい汚いの感覚は、私達のそれとは違うようなのだ。

とにかく私にとってのインドの旅の必需品、それは雑巾なのだ。

次にシーツをチェックする。

インドでは多いのだが、この宿でもシーツは綺麗なインド独特のデザインが施《ほどこ》された柄物を使っている。しかしこれは部屋を美しく彩《いろど》るためというよりは、汚れをごまかすためだと私はにらんでいる。多分インドでは、客が替わる度にシーツを取り替えるという習慣は元々なかったに違いない。

インド人にとってはシーツなんかは汚れてから洗濯をすればそれで良いので、汚れてもいない物をどうして取り替えないといけないのか彼等には分からないようなのだ。しかしどういうわけかシーツを取り替えなかったらツーリストが怒る、ということだけは分かる。だから彼等は替えなくてもごまかせるように、なるべく仕事をさぼろうとして柄物のシーツを使うのだ。絶対そうだと思う。実際アショクもたまに手抜きをするって知ってるもんね。

もっとも私もよく考えてみればどうして新しいシーツにこだわるのか分からない。でも新しいのじゃないとなんか嫌なのだ。キレイ好きのツーリストだから。

部屋がサッパリしたら最後に小物用の洗濯ロープを張ったり、書斎コーナーに本やノートを配置したり、棚に日用品を出したりして使い勝手の良い自分の部屋に仕立て、これで完成。私はやっと落ち着くのだ。

アショクは真面目で、あんまりアテにはならないが、何か困ったことがあったら何でも相談しなさい、私が力になってあげるから、という雰囲気のある人で、だからこの宿にいるときはとても安心できるのだった。

ある程度の観光地でツーリスト慣れした宿では「犬とインド人入るべからず」ということになっていて、知らないインド人は入ってこないから、その点でもここは安心できる。宿によっては、××号室の××さんに用があるから、と言って知り合いを訪ねて行っても、インド人だったらガンとして入れない所もある。

そうでもしないと実際インド人は厚かましい人も多いから、道端でちょっと立ち話をしただけでも、トモダチトモダチと言って朝も早くから押し掛けてきたりするのだ。そして道を歩くだけでトモダチはワサワサとできるから、そんなのに一々詰めかけて来られた日には、こちらはとてもゆっくりくつろいでいることなんかできない。だからこのシステムは有難いのだ。

人懐こいインド人のこと、外に出たらすぐに誰かが寄って来てとても一人で過ごす時間なんか持てないから、部屋で誰にも邪魔されず一人くつろぐ一時は大切なのである。

怪しい人は入って来ないし、この宿にいるときはすっかり安心して、私はちょっとそこまで外出する時はいつも鍵は掛けずにいた。

鍵は金属製の小型かんぬきといった形なのだが、これが棒と棒を差し込む金具の位置が微妙にずれているので、鍵を閉めるのは一仕事なのだ。

尤もアショクに、嫌な客ってどんな客、と訊いたところ、鍵を掛けない奴、と言われたので、それからは掛けるようにしたが。（もしかして私のこと？）

## お茶目なおっちゃんアショク

アショクはいい歳のおっちゃんのくせに、無邪気でまん丸い目をよくクリクリ動かすお茶目な人だ。

お茶目なおっちゃんアショクは、私の部屋に入って来る時いつもいきなり入ってくる。私も目隠しのカーテンがあるので、いつも扉は開けっ放しにしていた。閉めると暑いのだ。

大体、インド人にはプライバシーという観念がないようで、レディの部屋に入って来るときでさえ、ノックをするという発想はないらしい。

私達が友達の家に遊びにいくときは、まず電話を掛けて相手の都合を聞いて時間を打合せしてから行く、という習慣などは理解できないかもしれない。インド人は近所の人の家にも、まるで自分の家と同じように自由に出入りしているようだ。

ある時アショクがいつものようにガバといきなりカーテンを開け、血走った目をしてドドッと部屋の中に走り込んで来た。そして私には目もくれず、そのまま部屋を突っ切ってベランダに出ていった。

この宿は二階建ての入り組んだ構造の建物になっていて、一階には洒落《しゃれ》た庭付きの部屋があった。その庭は高い塀で囲まれていたので、その庭の中を見ようと思ったら私の部屋のベランダから見るか、隣の建物の屋上から覗《のぞ》くしかない。

アショクはベランダに出ると、ウハウハという感じで食い入るようにその庭を見つめていた。そこに何があったか。

私もアショクの余りの興奮ぶりにつられてベランダに出て下を覗いて見ると、そこにはおみ脚丸出しで日光浴をしている西洋人のお姉さんのしどけない姿があったのだった。アショクは大喜びで、もうヨダレをたらさんばかり。何の事件が起こったかと思えば、こんなものが見たかったのか。全くアホ臭いのだ。

しかしインドでは、よほど都会に行かない限り女性は足首まできっちり隠れるサリーを着ているのが普通なのだ。サリーを着ていない一部の人だって、パンジャビードレスという裾の長いブラウスにズボンというスタイルか、この暑い中、気取ってGパンなんかはいてるから、女性の脚を見る機会なんかない。インド女性は海で遊ぶときでさえ、サリーを着たまま波と戯《たわむ》れている。だからアショクのこの興奮も無理からぬことなのかもしれない。

神様のお導きだ！　今日はついてるぞ！　とか思ったに違いない。

それにしても、女性の脚というものにこんなにも男性を幸せにする力があったとは。インドでは女性の脚は貴重品なので、それだけでこんなに幸せになれるというのは、普段そういうものを見る機会のないインド人男性の恵まれた特権かもしれない。西洋人や日本人ではあそこまで喜ばないだろう。いや、見向きもしないかもしれない。脚どころか、ビキニ姿の女性が夏の海に行けばいくらでもただで見られるのだ。

しかし普通に其処《そこ》らにあるものにはもはや価値はない。そう考えるとこの現代に脚を隠し続けて未だにそれを貴重品に保っているのは、インド女性の賢い知恵なのかもしれない。神秘のベールに被《おお》われているものは憧れの気持ちを募《つの》らせるものだからだ。普通に当り前に周りにあるものには、もはや感動はないのだ。たかだか女性の脚くらいであんなに感動できるインド男性は幸せである。

ところでただ呑気に昼寝していただけのスカートまくり上げのお姉さんは、まさか自分がたった今一人の男性を幸せにしたとは露《つゆ》程にも思っていないだろう。こんなふうに自分の与《あず》かり知らぬところで、お互い色んな影響を与え合って生きてるんだろうな、実は私達は。

アショクはインテリで、毎晩英語のニュースを見ては世界情勢を語り、毎月送られてくるアーユルベーダ（インド医学）の雑誌を読んでは身体や健康や薬草についての知識を深め、二、三日に一回はマッサージ師を呼んで身体を整え、毎朝ウォーキングに出掛けて酒も煙草もやらない厳格なところのある人だった。

「君がここにいる間は私が一番近い存在だから、君の健康に気を配るのは私の義務だよ」と言って実直なお医者さんのように毎朝、お早う、今日は気分はどう？　と、いんぎんな物腰で尋ねてくれる優しい人だった。

こんな真面目なアショクなのに、部屋に入って来た時の彼は好奇心と期待そのものの存在になっていた。頭の中は「見たい！」の三文字だけで占められ、他の全てのものはぶっ飛び、女の脚のために勝手に客の部屋に入ってはいけないとか、この興奮状態を見られたら恥ずかしいとか、全然考えないのだ。

この時のアショクは本当に、ウハウハ、わーいわーい、という感じで入って来て、帰る時は、でっへっへ、という感じで出て行った。言い替えれば、お腹を空かせた犬が御飯よと呼ばれて喜び勇んで走ってくるような感じで入って来て、十分食べて満足満足、という感じで出て行った。全く簡単に表現できる分かり易い態度なのだ。

普通は分別ある大人になったらこんなことはしないものだ。しかしインド人というのは五才の子供なのである。心が好奇心だけに満たされていたので、他の余計なことは何も考えない。全エネルギーを集中しているから、それがそのまま行動になるのだ。

その心に片寄りがないからだ。自然のままの人だからだ。純真なのだ。

しかし不思議なのは、アショクはこの情報を一体どこから仕入れたのかということだ。

アショクは宿のオーナーだから、普通は自分の部屋か、部屋の前の廊下にいる。そしてそこからは外の様子は全く見えないのだ。いや、そもそもその女性の居た庭は、私の部屋のベランダか隣の建物の屋上からしか覗けないのだ。しかし壁に耳あり障子に目ありで、インドではどこで何をしていようと必ず誰かの目がある。

私が知らなかったのだから、たまたま屋上にいた誰かが見て誰かに喋り、その噂がぱっと広がって自分の部屋に孤独に座っていたアショクの耳にも入ったのだろう。インド人の噂はＣＩＡ

も真っ青の情報網なのだ。

ある時、友人を訪ねて少し離れた他の宿に行った時、そこの受付係のインド人が、「あんたは××宿の××号室に泊まっているだろう」と言う。私は自分の部屋の番号を知らなかったのだが、帰って確かめてみたらその通りだった。自分さえ知らないことを自分の知らない人が知っているということに、少し不気味な気がしたものだ。

インド人の最大の娯楽は映画だと思っている人もいるかもしれないが、それは間違いだと思う。彼等の一番の楽しみは人の噂話なのだ。

世の中にインド人ほど口の軽い民族はいないだろう。その情報伝達の信じられない素早さにはこちらは毎回舌を巻いていて、もしかして人生の殆どのエネルギーを噂話に費やしているのではないかなんて思ってしまう。インド人にはお喋り禁止以上に辛い拷問はないと断言してもいい。だから、インドでは隠し事は一切出来ない。

プライバシーの観念さえないし、自分の言った事、した事が一から十まで近所の人に筒抜けだとなると、この社会で生きていくにはかなりの正直さが要求されるのではないだろうか。子供の非行などは起こりえないように思う。

近所中が家族のような場所で悪い評判を立てられたりしたらそれこそ身の破滅、その後ずっと色眼鏡で見られ、村八分にされてしまうかも知れない。周りの人全てからまともに相手にされなくなるというのは、それは辛いことに違いない。

ある時アショクはやはりガバとカーテンを開けて怒った顔でずかずか入って来て、又しても私には目もくれずベランダに出ていった。

今度は別の部屋の前の庭で、カップルが食事をしていた。フランス人女性と彼女の恋人のサドゥで、彼等は魚を食べていたのだ。そしてサドゥが魚を食べている、ということが問題なのだそうだ。

行者たるサドゥは菜食主義に徹するべきなのだろう。それは非暴力の思想からきているようだ。全くけしからん、とアショクはプリプリしていたが、それならそれ以前にサドゥに恋人がいることの方がよほど問題なのではないのか。まぁ、サドゥといっても色々で、白人女性を連れ歩いているサドゥを見かけたりすることもたまにあるが。もっともそういう人は、やはり多少軽蔑されているようだ。

しかしこの二人の仲はもう何年にもなるらしく、このサドゥに恋人がいるということはすでに皆に知れ渡っている事実のようで、今更取りたてて騒ぐこともないのだろう。

どちらにしろアショクの耳に入ったくらいだから、もうこのサドゥが魚を食べたということは、ここらへんの人には知れ渡っているはずだ。

お茶目なおっちゃんアショクは、インド人らしく信心深かった。毎日昼頃にはシャワーを浴びて白い腰巻きに着替え、何やらぶつぶつ呪文を唱えながらもうもうと煙の出るお香で部屋を清めてまわるのが日課だった。

そういう時は重々しく私の部屋のカーテンを開け、ぶつぶつ言いながら入ってきて、やはり私には目もくれず、部屋の中を歩き回って煙を巻き散らすのだ。

お茶目なおっちゃんアショクは、実に天真爛漫《てんしんらんまん》な人だった。

「グッドモーニング！　朝食いるかな！」

アショクは丸い目をクリクリさせながらガバとカーテンを開けて毎朝訊きに来る。

九年ぶりにこの宿に来てみると、期待通りというか期待に反してというか、全て昔のままで全く何も変わっていないのには驚いたものだ。

ここらも新しい宿が増えて昔より競争は激しくなったはずなのに、アショクは客を呼ぶための努力を一切していないようなのだ。要するに競争しようとしていないのである。

設備を整えるどころかこの九年の間に建物は老朽化し、壁のペンキは剝《は》がれ落ち、その剝げたまだらのままの壁さえどうにかしようと思っていない。

ただほんの少し商売気を出したのか、唯一変わったのはアショクが食事のサービスを始めたことだった。

「うーん、じゃ今日はチーズサンドイッチとミルクティィね」

何か頼むとアショクは、オーケー、オーケー、とにこにこして出ていく。しかし断ると途端にプーンとそっぽを向いて行ってしまうのだった。この余りのあからさまな変わり様。

アショクは機嫌がいいと、ガバといきなりカーテンを開けて踊りながら部屋に入って来てはがっはっはと大口開けて笑ったりしていたが、機嫌の悪いときは私が話しかけてもプイと無視する。これで客商売ができるんだから羨ましい。

全く純真無垢《むく》なおっちゃんである。

アショクも勤勉な日本人のように、お客様は神様です、などとはハナから考えない。

大体インド人は一生懸命仕事はするが、それはあくまで自分のできる範囲内であって、決して自分自身を殺してしまったりはしないようだ。お金のために言いたい事を我慢したり腹が立ったことを押さえたりはしないようなのだ。

アショクの宿は相変わらず水のシャワーしかなく、お湯が欲しい客にはバケツ一杯のお湯を十ルピーで売っている。ある時、客が十ルピーは高いと文句を言ったが、アショクは平然と、気に入らないなら他に移ったらどうだね、ノープロブレム、と言い放った。

日本人みたいに卑屈《ひくつ》に客のいいなりになったりはしないのだ。言いたいことを言って、それでちゃんと生計がたてられるのだから良い社会だと思う。インドには理不尽に搾取《さくしゅ》されて辛い仕事をしている人は沢山いるようだが、お金のために言いたいことを我慢している人っているのだろうか。

日本人は上司には絶対服従、お客様には絶対服従で、言いたいことが言えないからストレスを溜め込んでいるのだ。そもそも、自分をありのままに表現する、言いたいことを言うというのは人間の本能のようなものだろう。私達の社会では、どうしてそれを押さえたり曲げたりしないといけないのだろう。

お茶目なおっちゃんアショクは、しかし少々お金にがめつかった。

こういう安宿に泊まるときは、値段を聞いただけで泊まったりしてはいけない。まず部屋を見せてもらって、自分の目でチェックするのが鉄則だ。シャワーやトイレもちゃんと水が出るか確かめておく。

たまに日本人が部屋を借りようかどうしようかと下見にやってくると、アショクは必ず私を引っ張り出し、「このジャパニはもう一ヶ月もここに泊まっている」と胸を張り、私には、さぁ、日本語でこの宿の宣伝をしろ、この客を逃がすな、と言ってせっつくのだった。少し長くいると、こういうふうに宿の手先にさせられてしまうのだ。だから私もその度にグルになって「良いですよ、ここの宿、窓からの眺めもいいし、ゆっくりできますよ」などと言って面白がっていた。

私はただの遊びだから別にその結果はどうでもよかったが、がめついオジンのアショクは必死、一つでも空き部屋があるのが許せないらしい。

作戦が成功して客がここに決めるとアショクは機嫌良くるんるんしていたが、客が断ると又しても不機嫌になり、プーンとそっぽを向いてしまう。

又ある時、私は風邪を引いて鼻水が出るのでトイレットペーパーが欲しかった。（ティッシュなどというものは存在しない）。ちょうど買おうと思った時アショクは留守だったので、廊下の壁に掛けてある物を勝手に取り、後で払おうと思ってそのままウトウト寝てしまったのだ。

するとしばらくして、いつものようにガバとカーテンを開けて入って来たアショクは物凄い剣幕で、「トイレットペーパーを取ったか！」と怒鳴った。

アショクは宿を経営しているくらいだからかなりのお金持ちのはずだ。それがトイレットペーパー一個の紛失くらいで、どうしてここまでパニックになっているのか。

「一個だけか、取ったのは！　え！　初めてか。前にも取ったことがあるのか！」

多分アショクの心の奥には、人を信じられないという大きな恐怖があって、だから信じられる何かが必要なのだ。それがお金なんだろう。私達日本人と同じように。

人が信じられないからお金が必要なんだろうけど、アショクは人よりお金を持っているからますます人を信じられないでいる感じだった。何かを所有したら、今度はそれを失うことへの恐怖が生まれるのだ。

でも溜め込まないで、回転させたらいいのになぁ、アショク。

誰か他の人の為に使ったら喜んでもらえて、人に喜んでもらうこと以上に嬉しいことはないから、それで幸せになれるよ、アショク。幸せになったら幸せだから、もうお金で埋めないといけない恐怖もなくなる。

お金を沢山持つことより、幸せでいることの方がずっと大事に決まっているのに。

だけど人間は、頭で分かっていてもできないことがあるから人間なんだろうな。

言うは易く行うは難し。頭で分かっていることが全て実行できたら人生なんか何の苦労もない。

たまに理性を失って、誘惑に負けたり欲に目が眩《くら》んだりするから人間なのだ。

たまにアショクは静々とカーテンを開けて私の部屋に来て、

「今日は君に夕食を御馳走しようかと思っているのだが」

と、いんぎんな態度で誘ってくれることがあった。

しかし、「残念だけど今日は外で食べる約束があるから」と断ると、アショクはいつも、「そうか。じゃまた今度にしよう」と言いつつもホッとした様子で出て行く。

なかなか憎めないおっちゃんである。


アショクの宿は知らないインド人は立入禁止だが、近所の人やアショクの友達はやって来る。アショクの部屋の前の廊下はロビーも兼ねていてベンチが置いてあり、友達が訪ねて来ると輪になってお茶を飲んでいた。そういうときは私も仲間に加わって、近所の人の噂話に聞き耳をたてるのだ。

ある時アショクは私に一人の男性を紹介して、

「この人は近所でサリー屋をしているんだがね、私の友人だから、サリーを買う予定があったら彼の店で買いなさい。きっと相談に乗ってくれるから」

と言ってにこやかに勧めた。しかしそのサリー屋が帰ると、

「さっきはああは言ったけどね、あいつの店は止めた方がいいぞ。あんまり質が良い物はなさそうだからな」

などと言うのだ。

あるいは遊びに来た別の宿のオーナーが、

「ここは良い宿だろう。アショクは良い人だし、ここは眺めも良いし、あんたは良い宿を見つけ

たね」

などと言っておいて、別の日その人と外で出会うと声を潜《ひそ》めて、

「あんた幾ら払ってる。アショクの宿は高いだろう。建て物は古いし清潔でもないし、うちに引っ越してこい。負けてやるから」

などと言う。

結構意外。いつも言いたい放題言ってるかと思ったら、インド人にもこういう裏表があったのか。いや、しかしこれは人間関係を円滑にするための知恵、気遣いというものだろう。何も本人の前で本音を言って波風をたてることはないのだ。


アショクは廊下のベンチに寝転んで、たまにマッサージをしてもらっていた。

マッサージおじさんは私にもマッサージを勧め、さあ、これを読んでみろ、と言って大事そうに一冊のノートを取り出して見せた。

中をパラパラめくると、今まで彼にマッサージしてもらった人の感想文が書いてあって、たまに日本語のものもある。

「このおじさん、見た目は頼りないけどオイルを使ったマッサージは最高。お勧め」

「私は今一だったかな。止めといたほうがいいかも。ちょっと期待外れ」

など好きなことが書いてある、中には、

「三百ルピーと言われたけど、僕は百ルピーまで値切りました。頑張れ」

なんていう耳よりな情報もあって、役に立つのだ。

実際にはこれは次のツーリストのための口コミ情報誌のようなものなのだが、持っている本人は、中に書いてあるのは全て宣伝文で自分のマッサージを誉めてあるのだ、と信じて疑わないところがインド人の可愛いところである。

実際こういうノートを持っているツーリスト相手の商売人は多くて、彼等は客に感想文を書いてもらっている間、ああ書け、こう書け、と口出ししたりするのだが、ふんふんと頷《うなず》きながらも、客が本当は悪口を書いているなんてことは夢にも考えないようなのだ。そして、さあ、これを読め、と、さも自慢そうにノートを取り出すのだ。これは結構笑える。


何度目かの滞在のとき、知り合いのサンドラから、ちょうど今からこの町に来るところなので会おう、というメールが入った。

オーストリア人のサンドラとは、ネパールの山の中で出会った。初めてのトレッキングで私は高山病に苦しんでそれより先に進むことを諦《あきら》め、といって歩いて下りる力も無さそうだったので、一日一便飛んでいるヘリコプターで下りることにしたのだ。その同じヘリに乗り合わせたのがサンドラだった。

彼女はオーストリア人、パキスタン人、ネパール人の総勢十五人程のグループで、ボランティアで何かの調査に来ていたのだ。

まだ学生の彼女たちがボランティアでこんな山奥まで来るなんて何と素晴らしい人達なんだろ

う、と感心したものだ。私が二十代の頃は、人の役に立ちたいなんて殊勝《しゅしょう》な考えはこれっぽっちも持っていなかった。彼女達は体調の悪い私を彼等のチャーターしたバスに一緒に乗せてカトマンドゥまで連れていってくれ、その後も何かと気遣ってくれた。

そのサンドラがここに来るのだ。しかし残念ながら、私は彼女の来る前日にここを出ることになっていた。会うことはできないが、彼女はこの町に来るのは初めてだから、アショクに頼んで部屋を予約しておいた。

アショクは少し心配そうだった。

「その子はこの町は初めてなのか？　本当にちゃんと来るかな。予約を入れても辿り着くまでに騙《だま》されるツーリストが多いからな」

ツーリスト擦《ず》れしたリキシャマンには、質《たち》の悪い奴もいるのだ。

それで私は彼女にメールを送った。

「駅に着いたらリキシャを捕まえて。リキシャの連中は、その宿はつぶれたとか、別の場所に引っ越したとか、このオーナーは悪い奴だから他にしろとか色々言うかもしれないけど、全部嘘だから信用してはいけない。宿はちゃんとあるし、部屋も予約してあるから心配しないで」

そしてアショクには、サンドラにはちゃんとメールして騙されないようにここまでの来方を教えたから、彼女は必ず来るから、間違いなく部屋を二つ取っておいてくれる様念を押した。彼女は別方面からやって来るもう一人の友人、ウォルターとここで落ち合うことになっていたのだ。

それでアショクは安心したようで、

「そうか、よし、分かった。任せなさい」

と、真剣な目をして重々しく言うのだった。

宿を出るときも、明日サンドラが来るからくれぐれも部屋お願いね、と念を押し、アショクは、

「勿論勿論、任せておきなさい。何も心配無い、大丈夫だ。ノープロブレム」

と、自信たっぷりに胸を張って言うので、私は安心して出掛けたのだ。

ところが他を廻って一ヶ月半後に帰って来てアショクに訊いたら、「いや、空くはずの部屋が空かなかったのでサンドラは他に泊まってもらった。でも彼女は毎日遊びにきたよ」と言う。

あーあ、やっぱりね、アショク、当てにならなかったか。

どうも私達の感覚から言うと、インド人というのは信頼に欠けるのだ。安心して仕事を任せるということが、今一つできない。それともエリートはきっちりやってるのかなぁ。

私が部屋を予約した時には、やった、部屋が二つ売れたぞ、と思ったに違いないのに、多分、サンドラが来る前に別の割のいい客がやってきたんだろう。その時いーかげんな親父のアショクはちっとも迷わず、本当に来るやら来ないやら分からない客を待つのなんかやーめた、確実なこっちに譲った方がいい、とソク気を変えたに違いないのだ。そしてその時もやって来た見知らぬ客に「部屋はあるか?」と訊かれて、「勿論勿論、取って置きの部屋があるよ」と重々しく答えたに決まってる。いーかげんな親父アショクのことだ。

さらにその一ヶ月後、カトマンドゥでサンドラに再会した時に話を聞いてみたら、彼女は待ち合わせをしていたウォルターを探して毎日アショクの宿に行ったとか。彼等は当てにしていた部

屋がなかったせいで五日間程も会えず、苦労したということだった。

何がサンドラは毎日遊びに来たよ、だ、アショク。実際こうやってサンドラに会って話せばすぐ分かることなのに、どうしてインド人はこうすぐバレる嘘をつくんだろう。

多分、お茶目なおっちゃんアショクは自分でも悪いことをしてしまったと思っているので、取り敢えずそれを隠すことを考えたのだろう。インド人の頭の中は五才の子供なので、その嘘がばれたとき、さらに自分の立場が悪くなるということまでは考えが及ばないらしい。

インド人はいつでも其の場凌《しの》ぎだ。其の場凌ぎに予約を取り、別の客が来たら其の場凌ぎに部屋を貸し、私に訊かれたら其の場凌ぎの嘘をつく。

だいだい彼等にはプロ意識というものが欠けているらしく、日本人のように責任を持って仕事をするとか、信用第一とかいう発想そのものが無いようなのだ。もしその後アショクに会って、ちょっと何、あんた約束破ってサンドラの部屋なかったじゃない、と責めてみても、お茶目なおっちゃんアショクはがははと笑ってごまかすか、はて、そんなことあったっけ、と、とぼけるかのどちらかに決まっている。そもそもアショクに律義さを期待する方が間違っていたのだ。

どうも約束というものに対するインド人の感覚は、私達のものと違うようなのだ。

日本では昔、言霊《ことだま》というものを信じていて、一端口から出た言葉には力があると考えていたから（それは実際そうなのだが）その頃の記憶が今でも身体に染み付いているのだろうか。

私達にとって約束というのは、余程のことが起きない限り守るべきものだ。自分も守るし、相手にも守ることを期待する。まして相手がこんなふうにビジネス上の約束をした場合、向こうがそれを破るなんていうことは言語道断《ごんごどうだん》、余程の手違いでもない限り、あってはならないことなのだ。

しかしインド人の場合、何か約束をしてもそれも選択肢の一つに加えておく、という程度のものらしい。一応頭の片隅に今後取る予定の行動の一つとして入力してはおくけど、その後もっと都合が良いと思うことや魅力的に思うことが起こった場合は、直ちに反故《ほご》にしてしまう。

要するに約束は守るべきものではなく、守ることもある、一応覚えておきましょう、という程度のもので、インド人の約束というのは私にとっては、当てにならないもの、と同義語だ。

大らかといえば大らかである。私達は何か約束をしたら、その時点でそれに縛られてそれ以外の未来を奪われ、自由を失い、守らねばならぬと緊張するのだ。守れなかったときは自己嫌悪に陥《おちい》ったり相手を責めたりパニックになったり色々するが、インド人から見たら、どうして不要な苦労をしているのか理解できないかもしれない。

だから、そんなこともインド人に言わせれば、ノープロブレム、大した問題じゃないよ、ということになるのだろう。そしてそれは確かにそうだ。

普通、外国に旅行に行ったらまず覚える言葉は、こんにちは、次は有難うと相場が決まっているのに、インドでは、こんにちは、の次に来るのはノープロブレムである。

満員バスの中で足を踏まれても踏んだ方がノープロブレム、待ち合わせをしてすっぽかされても約束を破った方がノープロブレムと澄ましてうそぶくのだ。インドでは何が起きてもノープロブレムの一言で片付けられてしまう。

その代わり、例えば新しいサンダルを買って、一日履いてみてやっぱりもう一サイズ大きいのにしようと既に底の汚れたものを持って取り替えにいっても、こちらはノープロブレムで押し通していいのだ。

所詮、何が起こっても命に関わるわけじゃ無し、いちいち眉毛を逆立てなくても大した問題じゃない。

デリーに行く時もそうだった。

「デリーに行くのか？　いつ行く？　バスのチケットはもう買ったのか？　いいか、チケットはうちで買え。他では買うなよ」

「え？　今、デリー行きのツーリストバスは出てないんじゃないの？」

「いや、そんなことはない。ある。ちゃんとあるよ。私に任せておけ。ノープロブレム」

それで数日前にアショクにチケットを頼み、毎日、本当にバスはあるのか、チケットは大丈夫か、と訊いていたのだが、アショクはその度に、大丈夫だ、心配無い、ノープロブレムと重々しく言う。

そして出発前日の夜になってガバとカーテンを開けて、

「ちょっと、悪いけどね！　そのバスは今は出てないよ！」

と、言ったのだ。

だから、あんなにしつこく訊いてたじゃないの！

今回は楽ちんのツーリストバスで行けると大舟に乗ったつもりでいたのに。又、あの二日間の道のりをガタガタのローカルバスを乗り次いで行くのかと思うと、気持ちの準備が出来てなかっただけに、それだけで既にどっと疲れてしまうのだった。

あーあ、いーかげんな親父アショクには毎回やられてしまう。全く信頼性のカケラもないのだ。なに、ノープロブレム？　やれやれ、そうね。実際そう思うことでしか、このインドを渡り歩いて行く方法はないようだ。インド人も何かあったときはノープロブレムで乗り切ってるのかなぁ。

しかし考えてみれば、世の中に確かなことなんか何一つないのだ。もしそのバスが本当に出ていたとしても、当日に何かの事情でキャンセルになってしまわないとも限らないし、実際、いきなり始まったストで交通がストップしてしまうのもインドでは珍しいことではない。所詮この世は一寸先は闇なのだ。そもそも確かな未来を約束させようとすることのほうが間違っているのかもしれない。

だから何が起こっても慌《あわ》てず騒がず平安でいられるように、何があってもいいよ、ノープロブレム、という心境に達することが大切なのかもしれない。これ、インド人の教え。

最後にアショクの宿に行った時のことだ。その時も二日前に電話で予約を入れていたのに、着いてみたら満室だった。やっぱり……。

「今日出ていくはずだった客が、一日延ばしたんだよ」

それでその日一晩は、アショクのベッドで寝ることになった。

アショクは私のために部屋を片付け、シーツも替え、扇風機のスイッチはここで夜トイレに行くなら電気はここ、と私が不自由しないように気を遣ってくれた。そして自分は部屋の隅っこに簡易ベッドを広げて寝るのだった。

何日か滞在して最後に宿代を払う時、がめついオジンのアショクはここの一日分の部屋代を取らなかった。

「あれは私からだよ」

そう言ってアショクはうやうやしく胸に手を当てたのだ。

私はまったく感動してしまった。トイレットペーパー一個でパニックになったアショクが、一泊分を負けてくれるなんて。

アショクはがめつい人ではなかった。いいかげんな人でもなかった。彼はちゃんと人の礼に応える人であったのだ。そしてこれこそがインド人なのである。

彼等はこちらの出方次第で、どのようにでも態度を変える。そしてこちらが真心で接すれば、相手はどこまでもそれに応えてくれるのだ。

こちらの心がそのまますっと相手の中に取り入れられて、水が入れられた容器の形になるように、カメレオンが周りの景色で身体の色を変えるように、その通りの反応をするのだ。実に相手はこちらの姿を写す鏡そのものなのだ。

純真な五才の子供だからできるのかもしれない、と思うのである。

こんな可愛いおっちゃんのいるこの宿は誰にも教えたくないのだった。アショクには悪いけど、これ以上混雑して欲しくない。だってなかなか空きが無いんだもん、ここ。

お茶目なおっちゃんアショク

# マザーテレサの施設にて

本当はマザーテレサの施設でボランティアをすることが目的で来たはずだった。そのために九年前の当時やっていたホームヘルパーの仕事を休んでインドまでやってきたのだ。

ところがインドに着いてすぐ、もうすぐシバラトリという祭りが始まると聞き、シバラトリならこれはやっぱりシバの町バラナシに行かなくちゃ、と思ってバラナシに来てしまったのが間違いだった。

肝心の祭りの当日は、インド人に振る舞われたバングラッシーという飲むと酔っぱらうお酒のようなジュースを飲んで眠りこけてしまい、気が付いたら祭りは終わっていてそのショックでガックリ落ち込んで動けなくなってしまい、そのままバラナシに引っ掛かってしまったのだ。

やれやれどうしよう、と思いながらも居心地の良いバラナシを去る気にもなれず、汽車の切符を買う大変さを考えてはやはり腰が上がらず、あと二、三日と思いつつずるずると居着いてしまっていたのだ。

ところが運命の女神は私を見捨てていなかった。同じ宿の西洋人の女の子が、「あら、マザーテレサの施設ならここにもあるよ。私毎日行ってるから明日一緒に行かない?」と言ってくれたのだ。

やった。そうか、ここにもあったのか。やっぱりコミュニケーションは大切なのだ。無駄話は無駄ではない。

初めてマザーテレサのことを聞いたのはバリにいるときだった。その時私はインド帰りで、やはりインド帰りのツーリストとインドの話をしていたとき、カルカッタ(現コルカタ)に「死を待つ人の家」というのがあると聞いたのだ。それはクリスチャンの一人の女性がつくった、誰からも見捨てられて路上で死んでいくような人を収容する施設だと聞いた。

そのときはそこにわざわざボランティアに行くツーリストがいると聞いても、物好きな人もいるものだ、くらいにしか思っていなかったのだが、その話は、ずっと頭のどこかに引っ掛かっていたようだ。

その後日本に帰ってすっかりマザーのことを忘れた頃、たまたま付けたテレビにマザーが映っているのを目にした。

それは何かの病気で入院していたマザーが退院したことを報じていて、マザーは退院を祝福する人々の波の中を、白いサリーに身を包み頭を下げ合掌しながら歩いていた。

それが私がマザーを見た最初だった。彼女はうつむいていたので顔は見えなかったが、私はそのマザーの姿に釘付けになった。何という美しい人か。そしてこの人に会いたいと思った。バリで聞いた死を待つ人の家の話が頭の中に甦ってきた。その頃ホームヘルパーをしていた私は福祉について考えていたのだ。

その一年後、私はインドへやって来た。そして西洋人の女の子のおかげで、バラナシのマザーテレサの施設で希望通りボランティアができるようになったのだ。

マザーの施設には老若男女からだの悪い人が百人ほど収容されていて、シスターが三人と住み込みらしいスタッフが二、三人、そしてツーリストのボランティアも常に数人いた。

私は毎日施設に通って、シスターやボランティアの女の子たちと一緒に洗濯をした。服は毎日洗っていたから、百人分の量は大変なものだ。シスター達はいつもにこにこしていて、あれしてこれしてとは一切指図をしなかった。だから流れがよく摑《つか》めない最初のうち私達にできることは、せいぜい洗濯くらいしかない。

自分は何をしたらいいのだろう、と仕事を与えられるのを待っていてもシスター達は何も言ってくれないから、自分にできることは何なのだろう、と自分で仕事を探すしかない。そしてシスター達は私達ボランティアがどういう事をしても一切文句を言わず、又お礼も言わなかった。そしてそれは、そこに収容されている人達も同じだった。

ボランティアを始めて二週間くらいたったとき、私は用事があって一日仕事を休んだ。しかし次の日行くと誰も何も気にしていなくて、それどころか私が休んだことにさえ気が付いてないような様子で、自分は全くアテにされていないのだと分かったのだった。

ホームヘルパーをしているとき、それはボランティアではなかったけれど、お年寄りの家にお邪魔して掃除とか食事の世話とか決められた仕事をするのだが、私が何か一つ仕事をする度に、お年寄りは、有難う、すみません、と一々お礼を言ったり恐縮したりする。人から感謝されるというのは実に気持ちが良いもので、有難うと言われるとどんな嫌な仕事でも進んでやろうという気になる。人から有難がられる仕事なんか、そうそうあるものではない。大抵の人はお客さんや取引先に頭を下げて働いているのに、お金を貰いつつ感謝されるのだからこんなに良い仕事はない。

それにホームヘルパーなんかを頼む人は一人暮らしの人が多いから、彼等は決められた日時に私が行くのを心待ちにしてくれていて、頼りにしてくれている。そして又、人から頼りにされるというのも気持ちの良いもので、そこに自分の存在価値を見い出したりする。自分は役に立っているんだ、自分の仕事は人を喜ばせているんだ、という満足感は何物にも代えがたい。

こんなに良い仕事をして、その上お金まで貰えるのだから全く良いことづくめ、自分が与えている以上のものを与え返されていたのだ。だからホームヘルパーをしているときは、毎日が充実していて楽しかった。

しかしここでは全く何も与えられないのだった。毎日通ってもご苦労さんと言われるわけではないし、休んでも、昨日はあんたがいなくて大変だったよ、と言ってもらえるわけでもない。こちらがいくら一生懸命働いても、誰も有難うなんて言いもしない。シスター達も、「あら、あんた来たの、仕事したいの、あ、そう」って感じだし。

無償《むしょう》で働いているどころか、こっちはインドまでの交通費や滞在費全て出して、かなりのお金を使っているのだ。

だからこの労働は誰のためにしているわけでもなく、ただ純粋に自分がやりたいからやっているだけだった。

人から感謝されるためではない。責任を与えられるためでもない。ましてお金のためでもない。それは純粋に労働だったのだ。そしてそれは、今まで経験したどの仕事の時間より楽しいのだった。働くということの喜びに、その時私は目覚めたのだ。

何かを得るための労働は報酬を期待している分だけ純粋でなくなる。それを得るために我慢しようという気持ちが生まれ、そうすると喜びは失われる。それはただ単にギブアンドテイクのビジネスで、自分の人生を何かと引き替えに切り売りしているだけだ。だから自分の期待していた分以下のものしか返されなかったときには不満が生まれてくる。

だけど自分がやりたいからやるだけという仕事の、何と楽しいことだろう。

シスターたちは素人のボランティアが何をしても何をしなくても、一切何も言わなかった。

スイス人の女の子は、足を怪我してまだ生々しい傷がパックリ口を開いている女の子を「さあ、リハビリよ。歩かないと駄目よ」と言って無理に手を引っ張って歩かせていたし、ドイツ人の女の子は、仲良くなった女の子のために自分のシャンプーを持ってきて美しい髪を洗ってあげていた。そしてシスター達は、いつもにこにこして何も言わなかった。

施設では週に何度か小さい子を集めて勉強を教えていて、そういう日は授業が終わると子供たちが施設の中を走り回って遊んでいた。

ところが施設の中庭では洗濯をするためのお湯がいつも沸かしてあって、直径三十センチ、高さ五十センチくらいのストーブのようなものの上に、そのストーブより二回りも大きい、直径五十センチくらいの大鍋が乗っているのだ。子供たちはそんな熱湯の入った鍋の回りをキャーキャー言いながら走り回っていて、ひどく危なっかしい。

しかしシスター達は気にしていない。万が一事故が起こったらどうしようとは、やはり考えないようなのだ。そして本当に万が一何か事故が起こったとしても、子供の親は、相手の責任を追及したりするようなケチなことはしないように思えた。

だから、ここではそんな子供達の中に入って一緒に走り回って遊んでもいい、何をしてもいいのだった。

ホームヘルパーをしていたとき、私は担当のお婆ちゃんから一緒に銭湯《せんとう》に行って欲しいと頼まれたことがある。お婆ちゃんは足が悪く、杖をついたり手押し車を押したりして日常生活は自力で何とかやっていたが、家にはお風呂がなく、滑《すべ》りやすい銭湯の中で杖をつくわけにもいかず困っていたのだ。私は一緒にお風呂に行ってあげたかったのだが、規則として時間外の仕事はできないし、規定以外のこともやってはいけない決まりになっていた。

だけど、その人が本当に欲しい援助を与えてやれないのだったら福祉っていうのは一体何なのだ？　そういう疑問を持って、福祉の原点が見たい、と私はインドに来たのだ。

しかしマザーの施設で働いていると、又この国ならではの問題も見えてきた。

私の仲良くなった子で、クリスチャンネームを付けてもらったのかマーガレットという十五、六才の女の子がいて、彼女は口が不自由で、その上手足も不自由だった。自分を表現する方法が何もないのだ。しかし彼女は独立心が旺盛で、私が身体を洗ってやるのもトイレに連れて行ってやるのも嫌がり、何とか自分でやろうといつも一生懸命挑戦していた。

こういう施設であっても車椅子なんかはないし、だから彼女はいつも四つん這いになって歩いていた。これがもし日本だったら手が不自由な人でも操作できる車椅子があるだろうし、目で操作できるパソコンだってあるって聞いたから、これだけやる気のある彼女だったら、何かできることがあるはずなのだ。

ここにいても彼女の可能性を広げてくれる器具は何も手に入らない。不自由を少しでも自由にしてくれる物が何もないのだ。

その上、お洒落盛りのはずの年頃の女の子なのに彼女は頭を坊主にしていた。多分洗い易さを考えてのことなのだろうが、やはり可哀相だ。そしてもし日本だったら、と又考えてしまう。もし日本だったら身体は不自由でも、もっと人並みの生活が送れるはずなのに。

昔イギリスに留学していた頃、身体が不自由な人の施設でやはりボランティアをしたことがあるのだが、中の人達は私達と同じように人生を謳歌《おうか》していた。週末には思いきりお洒落をして、パブに繰り出したものだ。

マザーの施設は全て寄付で賄《まかな》われているので、病人を収容するとはいっても満足に薬もない。だから今から帰国するというツーリストに会うと、要らない薬を置いていってくれるよう頼んだ。

そしてシスター達は何やら分からないその怪しげな薬を、貴重品のように嬉しそうに貰うのだった。

此の世にはこんなに気の毒な人がいて、そしてその人達のために無償で働いている人がいて、薬にさえ事欠いているのに、どうして世の中のお金持ちは自分の贅沢ばかり追いかけ回して何もしようとしないのだろう、と私は憤慨《ふんがい》したが、そのときはっと気が付いたのだ。自分だって用もないのにインドまで来ているお金持ちなんだと。

世の中に何か悪いことがあるとしたら、それは他の誰かのせい。戦争も貧困も犯罪も公害も。そしてそれをどうにかするのも他の誰かなんだと、私達は漠然《ばくぜん》と考えている。

自分は悪くないし責任もない。ただ、こんなに悪いことがある、けしからんって怒って、それで自分は善良なんだと思い込んでいるのだ。皆、自分のことは棚に上げて他の誰かのせいにし、この問題をどうにかするべきだと言うだけで、何も行動を起こそうとはしない。

だけど皆が自分は悪くないと考えているのだったら、悪いのは誰なんだろう？　皆が自分以外の誰かがどうにかするべきだと考えていたら、その誰かは誰なんだろう？

シスター達は美しく、又明るかった。施設の中はいつも笑い声が絶えたことがない。そして美しく明るい人の存在というのは、それだけで周りを幸せにするものだ。

一度、施設に収容する人を探すためにシスター達と一緒に車に乗って駅まで出掛けたことがあるのだが、道中、車の中でシスター達はずっと讃美歌を歌っていた。普通若い女性だったら、こういうときはペチャクチャお喋りをするものである。しかし彼女たちは幸せそうに歌っていたのだ。

あるときシスターの部屋に入ったことがある。そこは粗末な机とベッドがあるだけの、何の飾り気もない、若い女性が暮らすには余りに質素な部屋だった。彼女達の自分の持ち物は、着替えのサリー一枚だけだと聞いたことがある。彼女達は聖書さえあればそれでいいと思っているのではないだろうか。

私はたまに考える。沈んでいくタイタニックに乗っていたのが全員シスター達だったらどうだろう。決してパニックになどならず、他を押し退《の》けようとはせず、自分だけが助かることなどは夢にも考えず、やはり幸せそうに讃美歌を歌いながら人のために死んでいくのではないだろうか。彼女達にとって、生きる、ということは、人を生かすということなのだ、きっと。

ここでは、皆がそれぞれ助け合って生きていた。

私は研修のために老人ホームでしばらく働いたことがあって、日本の老人ホームでは設備もサービスも至れり尽せりで、スタッフはやれ食事の世話だやれお風呂の時間だと忙しく働いていたが、中のお年寄りは皆、生気のない顔をして一日所在無く過ごしているように見えた。

しかしマザーテレサの施設では、中に収容されている人達がそれぞれ助け合い、面倒を見合っていた。手が動く人は手の不自由な人に食べさせ、足の動く人は足の不自由な人を助けて歩いていた。

初めはたったこれだけの人数でどうやって百人もの人の世話をしているんだろうと思ったが、シスター達が収容されている人の面倒を見ているわけではなく、ただ彼等は共に生活しているだけのようだった。そこには上下関係はなく、世話する人とされる人もなく、感謝する人とされる人もない。足の悪い人、手の悪い人、目の不自由な人、口の不自由な人、皆それぞれに自分でできることをして、お互いに助け助けられ、持ちつ持たれつで生活していた。

あるとき施設に、今までずっとカルカッタの方の施設でボランティアをしていたという二十歳くらいの西洋人の女の子がやって来た。

「え。じゃ、マザーテレサに会った？　どんな人？」と訊くと、彼女はその途端頭の中にマザーを思い浮かべたのだろう、パッと顔を輝かせてこう言った。

「すごく美しい」

それを聞いたとき、私はこの女の子のことを美しいと思った。普通二十歳くらいの女の子の美しさの基準となるのは顔や体型やファッションだろう。八十過ぎのしわくちゃの女性の顔が美しいはずはないのだ。

それから二ケ月ほどして、思いがけないニュースが入ってきた。マザーがバラナシに来るというのだ。普段はカルカッタで生活しているマザーがバラナシに来るのは、何と七年ぶりという。

そのニュースが広がると、施設の中は急に華やいだ空気に変わった。シスター達は勿論、ここに収容されている人達にとってもマザーは憧れの人なのだ。

当日、皆は浮き浮きしていた。ここでは皆ツーリスト達が置いていったような身体に合わない古着を着ていたが、それでも彼等なりに精一杯お洒落してマザーを迎えたのだ。

マザーの目は忘れられない。

それは、とてもお年寄りとは思えない強い目だった。まるで今から未来を切り開いていこうとしているような若い男の目だった。

迷い、悩み、悲しみ、ねたみ、恨み、怒り、そんなものの何もない目だった。それは、自分はこの仕事をやるんだ、と、それだけを考えているような目だった。強い光だった。こんな目をした人がこの世界にいる。

マザーはここにも遊びに来ているわけではなく、入れ替わり立ち替わりやってくる人達と仕事の話をしていて忙しそうだった。だから私が入り込む余地など当然なかったが、マザーの隣に跪《ひざまず》いてミサに参加することができたのは幸運だ。

マザーの祈る姿は余りに美しい。

この人の心の中には、愛以外何もないのではないかと思った。

「私を貴方の道具としてお使い下さい」

マザーはこう祈られると聞いたことがあるが、まさにそんなふうに、彼女は自分の全てをイエス様に投げ出しているように見えたのだ。

これ程のことをやっている人が跪いて頭を垂れている。

マザーの中には、自分が貧しい人たちを助けてやっているという意識は全くない。彼女はこれだけ偉大なことをしていて、自分のことをちっとも偉大だとは思っていない。ただイエス様だけが偉大で、そのイエス様が自分を通して働いているだけなのだ。マザーはそう思っているのではないだろうか。

この人の中にはエゴというものが全然ないに違いない。彼女は自分のことなど、これっぽっちも考えていないに違いない。彼女のその謙虚《けんきょ》さは、イエス様に無条件降伏して自分自身を明け渡した姿なのだろう。

マザーの中にあるのはイエス様の愛だけ。そしてその愛の表現のために自分を使って欲しいという願いだけ。自分の身体を通してイエス様がこの世のために働いてくれたら嬉しいという純粋な気持ちだけ。それくらいマザーの姿は美しかった。

世の中には、何と偉大な人がいるのだろうか。

三ケ月ほどをバラナシの施設で過ごしたのち、私はカルカッタへ移動した。するとカルカッタの宿で偶然、バラナシで仲良くしていたドイツ人のザビーナに出会ったのだった。

「久しぶりね。あなたバラナシではマザーのところで働いていたでしょ。私明日こちらのマザーの施設に行くんだけど、一緒に行く？」

なんと渡りに舟。又しても運命の女神は私に微笑んだのである。こうしてカルカッタに着いた次の日から、こちらの施設にも私は通えることになったのだ。

そこで私は、足の悪いお婆さんをトイレに連れて行くのに彼女を抱きかかえて歩いていた。車椅子も松葉杖もないから、方法はそれしかない。私達は二人でしっかり抱き合い、息を合わせ、足並みを揃《そろ》えてゆっくりと歩いた。

そしてその時、私は突然気付いたのだ。

私は彼女を助けてあげていると思っていたけど、もしも私がつまづいて転べばお婆さんも転ぶ。同じように、お婆さんがこければ私も一緒に倒れるのだ。

そうだ。私が彼女を助けてあげているのではない。私助ける人、あなた助けられる人という区別があるのではない。私は助け、同時に助けられているのだ。

私達は一緒に歩いているだけなんだ。

私達はしっかり抱き合っていたから、私達の身体は一つだった。私はお婆さんであり、お婆さんは私だった。私達はただ一緒に歩いているだけなのだ。

そしてそこで生活している人達は、皆一緒に生きているだけだった。

そうだ、私達はただ共にあるだけなのだ。

そうだ、私達は共に支え合い、生かし合って生きているのだ。

どんな人にもできることとできないこと、得意なことと苦手なことがあって、それは五体満足の人間であっても同じ事だ。自分にできないことをできる人がいて、自分の苦手なことを得意としている人がいる。だから世の中はうまく回っているのだ。

人間は誰でも、何か役目を持って此の世に生まれてくるのだと思う。どんな人でも必要とされて生まれてくるのであり、どんな人でもその人だけが持っている価値があるのだ。誰が優れていて誰が劣っているわけでもない。ただ個性の違いがあるだけなのだ。

だからどんな人にだって世界中でたった一人、その人にしかできないことが、必ず何かあるのだ。

ホームヘルパーをしていた時、いつも有難うと言われていた。だけどここではこちらのほうが有難うと言っていることに気付く。そしてマザーの施設でボランティアをした人は、皆同じことを言う。


マザーは貧しい人に尽くすという活動を、最初はたった一人で始めたと聞く。彼女は普通の人より愛の量が多すぎて、世の中に貧しさで苦しんでいる人がいることが辛くて耐えられなかったのだろう。普通の人には何でもないこと、あるいは、気の毒ねと呟《つぶや》くだけで忘れてしまうことが彼女にはできなくて、彼等のために手を差しのべること以外に生きていく方法がなかったのだろう。

インドでは、まさに食べられるか食べられないかというギリギリのレベルの生活をしている人がまだ居て、道端には生きているやら死んでいるやら分からないような人がごろごろ転がっていたりする。日本では大事件でも、インドという国ではその辺に死体があっても不思議ではないのだ。

シスター達が施設に収容する人を見つけるために駅に出掛けたときに一緒に付いて行ったときのことだ。

その時見つけたのは病気になったせいで息子にこの場所に捨てに来られ（それもひどい話だ）、もう三日もほとんど何も食べていないというお婆ちゃんだった。彼女は泣きながら自分の惨《みじ》めな境遇を訴えるのだった。

そして彼女が施設に迎えられることが分かると、周りにいた百人程もの人達は皆、病気も治療してもらえるんだってよ、御飯も食べさせてもらえるんだってよ、良かったな！　と自分のことのように喜び、彼女を見送ったのだ。彼等も何とか彼女を助けたいとは思っていても、彼等にもそんな余裕はないのだろうし、マザーテレサの施設の存在も知らなかったに違いない。私はそのとき、インド人の人情の篤《あつ》さを感じたのだ。

しかしこれは彼女が比較的身なりの良い女性だったからのことで、もしも彼女がボロボロの服を着た物乞いだったら、たとえ飢え死にしてしまったとしても、人々は冷たく打ち捨てておくような気がする。インドは優しいだけの国ではない。ここには私達には理解できない、余りに冷酷な差別が存在するのだ。

物乞いの中には、もう長い間洗っていないんじゃないかと思うような真っ黒に汚れた服を着ている人がいる。暑いインドでは、たとえ着替えを持っていなくても、服を着たまま水浴びをして一時間ほども放っておけばすぐに乾くはずなのに、どうして洗濯をしないのか私は不思議に思っていた。もしかしたら川や共同の井戸の水を使えないカーストの人達がいるのだろうか？　インドだったら有り得る気がするのだ。

あるとき私は、手の平に一杯のパイサ（一ルピーの百分の一）を乗せた物乞いのお婆ちゃんが屋台の切り売りのパパイアを買うところを見たことがある。

一片のパパイアはいくら高くても五ルピーもしないだろう。一ルピーくらいかもしれない。彼女はたったそれだけのお金を人から貰うために、一日中炎天下に座っていたに違いないのだ。そしてパパイア売りはそのお婆ちゃんを汚い物でも見るような目で見て、野良犬に餌をやるようにパパイアを渡した。

彼女は多分、一生おいしい物を食べることもなく、綺麗な服を着ることもなく、屋根のある家に住むこともなく生きてきたのだろう。その上、同情されるどころか、一生人々から蔑《さげ》すみの目で見られ続けてきたのだろう。路上で生まれ、路上で生活し、路上で死んでいくのだろう。もしも私に与えられたのがこんな人生だったとしたら、それは悪夢以外の何物でもない。

一生誰からも大切にされないまま死んでいく人がいる。一生誰からも敬《うやま》われないまま死んでいく人がいる。同じ人間なのに。ただボロを着ているというだけで。

カーストというものが正確には何なのか私には分からないけれど、インド人はこういう路上生活者の物乞いには余りに非人間的な冷酷な目を向ける。見るだけでも目が汚れると言ったりする。現世の貧しさは前世の悪行の結果と考えるカルマの思想は、こういう点では歪《ゆが》みとなって現れているのではないだろうか。自業自得と考えるとき、人は気の毒な人に対しても同情的にはならないものだ。気の毒な人に対して素直に気の毒と思う当り前の感情が起こってこないどころか、相手が悪いと考えるとき、人間はいくらでも残酷になれるもののようだ。

しかし日本にはそれがないかと言えば、そういうことはない。日本でもホームレスの人達に対する人々の目は冷たいものだ。やはり、努力しないあんたが悪い、自業自得だと考えているからに違いない。

ホームレスは競争社会に負けてしまった落伍者だろう。そしてインドの貧しい人達は、それがカーストのせいなのかどうかは分からないけど、どちらにしろ両者ともこの社会のあり方の犠牲になった人達なのだと思う。

そしてマザーは、そういう人達に手を差し伸べずにはいられなかったのだ。

ヒンドゥーではないマザーは、カルマの思想には縛られていない。そして私達が、誰かが何とかすべきと考えて何もしないときに、自分が何とかしようと思ったのだろう。

これだけ心の優しい人だったら、彼女は社会に対する憎しみで心を一杯にすることもできたはずだし、貧しい人に同情して嘆《なげ》き悲しむこともできたはずである。しかし彼女はそういうマイナスの感情をプラスに転じて、だから私がここからやろう、と思ったのだろう。

いくら貧しい人を助けても政治のあり方を変えなければ意味はない、とマザーを批判した人もいるらしい。だけど多分、マザーはこの世から貧困をなくしたかったわけではなくて、せめて彼等に人間らしい死を与えてあげたかったんじゃないだろうか。マザーが本当にあげたかったものはベッドや食べ物ではなくて、人間としての尊厳だったんじゃないだろうか。彼等に、貴方も大切な人なんだよ、価値のある人なんだよ、と言ってあげたかったんじゃないだろうか。誰からも見捨てられたまま死んでいく人の悲しみが、マザーには耐えられなかったのだ、きっと。

マザーが路上で死にかけている物乞いを助けようとしたときに、ある物乞いが、マザーに「どうして自分を助けようとしてくれるのか」と訊いたらしい。そのときマザーはこう答えたという。

「貴方を愛しているからよ」

この一人の女性の美しい心に魅かれてシスター達が集まって来、あちこちに寄付によって施設が作られ、運動は広がり、こうして世界中から人々が集まってくる。一人の人間の力は小さいものではないとつくづく思う。

一人の女性が点した光、それはあちこちに飛び火して世界の一隅を照らしている。

このような人が存在していたということは、何という希望だろうか。

# 仕事と遊びはどう違う？

インドにはポストというものがない。たまにあっても中はゴミ箱にでもなっているような感じでどうも使われている様子がない。仮に使われていてもそんなものに葉書を入れるつもりはない。ちゃんと郵便局まで行って窓口で切手の上にポンとスタンプを押してくれるのをこの目で確かめなければ、切手だけ猫ババされるかも知れない。

そこで葉書一枚出すにも、わざわざ郵便局まで出向かなければならない。

「切手下さい」

「…………」無視。

「切手下さい」

「…………」無視。

「切手下さい」

「……分かっている」

こういう公の機関で働いている人は、売上げが直接自分の給料に影響するわけではないので、少しでも余計に仕事をしたら損でもするように思っているようだ。

この人もひどく無愛想で横柄だった。分かっている、と答えた後もしばらく又待たせたままで何かの書類に目を通していて、ある程度きりが付いたところでやっと引き出しを開けて切手を取り出すのであった。

切手を葉書に貼ったら、又同じやり取りを繰り返して切手の上にスタンプを押してもらわなければならない。葉書一枚出すのに葉書十枚は書けそうなくらい時間がかかり、私は毎回イライラしてしまう。日本では私はかなりのんびりしている方なのだが、インド人から見れば私でさえ短気な人間だろう。

インドと日本の大きな違いの一つは、このスピードの差なのだ。相手は全然こっちの思い通りに仕事せず、私はいつも腹を立てている。

日本では働いている間は皆優秀なロボットになるからその仕事はスピーディで正確、完璧なのだ。

よその国へ行くとつくづく日本人というのは勤勉なものだと思う。飛行機で隣り合わせになった人が、元々日本というのは土地が痩《や》せた貧しい国で食べるためには努力せざるを得なかったので、その結果このような国民性になったんじゃないか、と言っていた。尤《もっと》もだと思う。貧乏な土壌からは貧乏性の人間が生えてくるのだ。

貧しいがゆえに努力せざるをえず、努力したがゆえに日本は見事に貧しさを克服し、他を抜きん出たのだ。してみると豊かになるための障害に見えるものこそが、その原動力にも成り得るということだろう。

そこへいくと、どうもインド人というのはできたら仕事したくないと思っているような感じだ。

旅も長くなってくると、少しずつインド製品が鞄の中身を占領してくる。うーん、俺の旅も長くなったんだなぁ、と思うと嬉しい、という人もいるが、私は嫌だ。いつまでたってもインド製品には慣れない。

ヒンディー語を勉強するのにノートが必要だ。ノート屋さんで手頃な値段のノートを買うと、これがひどいのだ。

まず紙の質が悪い。昔々日本にあった藁《わら》半紙のようなもので、引っ掛かって字が書きにくい。ノートには罫線《けいせん》が引いてある。しかしパラパラめくってみると、必ずそのうちの何ページかは罫線が斜めに歪んでいる。白紙のページも混じっている。紙を何ページか束ねて真ん中を大きなホチキスで止めてノートにしてあるのだが、それがまともに真ん中に止まっていないのでページがきちんと開かない。表紙には××ノートブックとか書いてあるのだが、その字が又歪《ゆが》んでいる。こんな物にお金を払わなくちゃいけないのか。

日本だったらこんな物タダで配っても誰も貰わないだろう。できた時点で、即、不良品として廃棄処分に決まってる。どうやったらこんなにいい加減なものが作れるのか、むしろ感心してしまうのだ。

インド人は細かいことを気にしない。良く言えば大らかで優しい。許容量が大きく、こうじゃないと駄目だ、というものの幅が広い。実に驚くべき寛容さである。しかし私は几帳面なので、こんなものは許せない。どうしてこう大雑把《おおざっぱ》なのだ。こんな物を使わないといけないのかと思うと、暗澹《あんたん》たる気持ちになってしまう。

日記帳だけは良い物が欲しかったので高級文房具屋で良いものを買ったが、何と五十ルピーもし、百四十円？　日本より高い、こっちの定食三食分ではないの、などとすぐに計算してしまう。とても庶民には手は出せないだろう。

物というのは作った人そのものである。

言っちゃ悪いが日本人の目から見れば、インド製品というのは精々六〇〜七〇パーセントの完成度。これはインド人が全力投球せず、六〇〜七〇パーセントの集中力で仕事している証拠だ。インド人は一般に良く働くが、自分自身を失って機械の部品のようになってしまうことはないようだ。

しかしそういうものは私達は仕事とは言わない。それはただの遊びである。

インドは停電が多いのでろうそくとライターは必需品である。しかしライターを買えば最初は調子がいいのだが、次第に点《つ》きが悪くなり、二十回くらいカチカチやってやっと一回点く程度になる。あ、仕事したくないのね、って感じ。正にインド人が作った、インド人そのもののようなライターだ。

ろうそくは底が真っ直ぐに切れていないので立てるのに苦労するし、芯が真ん中に通っていないので無駄に蠟《ろう》が流れて減る。手に触るとベタベタするし、火を点ければバチバチはじく。パンツを買えば二、三回洗ったらゴムがビロビロに伸びて使い物にならないし、ミネラルウォーターは一度開けたら蓋がキチンと閉まらない。高級品揃いの完璧なメイドインジャパン製品に慣れている私は、インド製品を使う度に文句を言っている。

だから今から帰国する、という人に会うと不必要な物を置いていってくれるように頼む。有難いのは生理用品だ。ああ、この日本製品の使い良さ。まさに完璧、これは全く別物だ。私は思わずユニチャームの社長さんに感謝状を出そうかと思ったくらいだ。

又、私は肌が弱いので、基礎化粧品は完全天然成分のアスカというメーカーの物を愛用しているのだが、こんなに良い物は世界中探しても見つからないので、なくなった時にはわざわざ日本から送ってもらった。苦労するのだ。


日本人だと分かると、大抵相手のインド人の第一声は同じだ。

「ソニーの国だな。ホンダの国だな。日本の技術は世界一だ」

行く先々でそう言われるので、なるほど日本の技術は凄いものなんだと改めて思う。

日本にいる間はそれが当り前だったのでよく考えたことはなかったが、「日本からはどうやって来た。バスか。汽車か」という呆《あき》れるような質問をする、日本が何処にあるのかも知らないインド人でさえ日本の企業の名前は知っている。これは相当凄いことだ。町内一でもなかなかなれないのに、日本は世界一なのだ。エヘン。

この技術のおかげで日本は世界に冠《かん》たる経済大国にのし上がり、そのお陰で何の取り得もない私でも、その辺でアルバイトしたくらいでこんな優雅な旅行ができる。私自身が努力しなくても周りの優秀な日本人が努力してくれているので、私もお金持ちの仲間入りをしていられるのだ。ありがたやありがたや。

日本製品は完璧なのだ。

七〇、八〇パーセントの完成度の仕事をするのは簡単だ。誰にだってできる。頑張れば、まぁ、なんとか九八パーセントくらいはできる。だけど一〇〇パーセント完璧な人間なんかいないのに、一〇〇パーセントの仕事をするというのは非人間的技である。それを日本人はやっているのだ。何て涙ぐましい努力だろう。実に真面目で健気《けなげ》だ。

日本では中途半端な仕事は許されない。こんなインド製品のような物を作っても誰も買う人はいない。そして買う人がいなければそれを作って生活している人は生活できなくなってしまう。だからそういう仕事しかできない人は存在を許されず、直ちに切り捨てられて、生きていく場所を失くしてしまうだろう。光は闇によってその存在を支えられているように、完璧を要求する社会は落伍者を生みだすことによって成り立っているのだ。

しかしインドではこの程度の物でも堂々と売られていて、そしてそれは、この程度の仕事しかできない人でも悠々と生きていけるということだ。

どうもインド人はもっと良い物を作ろうとは思っていないようだし、つまりそれはもっと良い物を使いたいという需要がないということだろう。今回買ったノートは、十六年前初めてインドに来た時に見た物と同じような気がする。全然進歩していないのだ。

インドでも指折りの観光地のバラナシにはここ数年で急にツーリスト用レストランが増えたようで、狭い道に土産物屋に混じってひしめき合って肩を並べ、道行くツーリストを呼び込みしている。

そういうレストランのメニューは大抵どこも似たようなもので、インドの料理の他に西洋料理やイスラエル料理、韓国料理などがあり、日本料理もちゃんと有る。親子丼、チキンライス、おじや、ラーメンなど。

こういうレストランはどこも結構流行《はや》っていてツーリストで一杯だ。当然と言えば当然かもしれないが、不思議といえば不思議である。

しかしこれ又当然といえば当然だが、出てくるものは似ても似つかぬものなのだ。うん、これはこういうものだ、と思って食べれば、まぁいける、という程度のもの。

そもそも彼等は日本食というものを食べたことがないのだ。食べたことも見たこともないものを作っているのだから、立派といえば立派だろう。

それでも同じ店で同じ物を注文しても、やはり食べる度に味が違う。彼等は日本食なんか食べても初めからおいしいかどうか自分では分からないので、味を一定にするなんて芸当はできないんだろう。だからツーリスト向けのレストランの味は、どこで食べても大体ドングリの背比べといったところだ。

ある日、おいしい食堂を知っているから食べにいこう、と仲良くなったミカさんに誘われて、小さなツーリスト用の食堂に行った。

ミカさんは線の細い芸術家肌の人で、太鼓を習うために一年のうち半分はインドで暮らしているというインド通である。

しかし、おいしい、と彼女が自信を持って勧めた割には食べてみたら取り立ててなんということはなく、他のツーリスト向けの食堂の味と大して違わない。

それでもせっかく連れて来て貰ったのだから、おいしいね、と一応誉めておくと、ミカさんはちょっと変な顔をしている。「いつもと味が違う」と言うのだ。

それで店のオーナーに尋ねてみると、

「あ、分かる？　今日はコックが休みだから僕が作ったんだ。おいしくない？」

と言う。彼は繊細な人のようで、しきりに味を気にしている。

「いや、おいしいよ」

と、とりあえず答えたが、ミカさんはどうも食通のようで納得できないらしい。

「ねえ、どうして休みなの？」

「今日は寒いからね、多分それで来られなかったんじゃないのかな。彼はここから四キロ離れた村から自転車で通ってきてるんだ」

彼の家にもこの食堂にも電話なんてないから、今日は休みます、と連絡が取れるわけじゃない。だから休む時はいつも無断欠勤なのだろう。それでも病気をしたとか急用ができたとか、やむを得ない理由ならわかるが、今日は寒くて自転車こいで遠くまで行くのやだなー、やーすもっと、という程度の理由なのだ。こういうのは日本ではずる休みという。

「明日は来る？」

「さあねぇ。明日も寒いのかなぁ」

何も私達は明日の天気を知りたいわけじゃないのだ。寒くて仕方ないから一日だけやむを得ず休むというわけではなく、明日も来るかどうか分からないという。開いた口が塞《ふさ》がらないのだ。

寒いから休む？　どうして寒かったら仕事に来られないのだ。これが仕事に来られない程の寒さだというのか。寒いといってもたかだかインドじゃないか。雪でも降ってるのか！　道でも凍ってるのか！　ええ！

これのどこが外に出られないほどの寒さだと言うのだ。この程度の寒さで仕事を休むなんて、一体仕事を何と心得ているんだ。あんた達には仕事に対する責任感というものは無いのか！

全くインド人のいい加減さには毎回憤死しそうになる。

……ふうん。

寒かったら休んでもいいのか。良い社会だなぁ。

インドではずる休みというのは正当な休みとして認められているのだろうか。それともここは自由出勤制なのだろうか。

しかし人間には誰でも何かできないことがあるものなのだ。いつも遅刻してくる人やいつも忘れ物する人がいるように、このコックさんは寒い中を外に出ることができない人なのかもしれない。

インド人は人間は不完全だから人間なんだっていうことを知っていて、だから商品だけでなく、人間にも完全を求めていないのかもしれない。だから寒いときに休むことも許されるのだろう。さすがノープロブレムの国、インドである。

店のオーナーも、あ、今日はまだ来ないな、休むのかな、じゃ僕が料理をしよう、と全く気にしている様子はない。その割には自分の腕に自信がないのか、客の反応は随分気にしていたが。一体彼は図太いのだろうか、繊細なのだろうか、分からない。

日本だったらコックがさぼった時点で店はパニックになり、すったもんだした揚げ句に、

「勝手ながら本日は都合により休ませていただきます」

と張り紙を出して、やむなく臨時休業をするところである。まずい料理を出して店の評判を落とすわけにはいかないのだ。

しかしインド人はここで、

「勝手ながら本日は都合によりまずい料理を出させていただきます」

と頭の中で断って、まずい料理を出して気にしている。

私達はここがおいしいからわざわざ来ているのだが、そのうち慣れて、あ、今日はコックが休みなのね、と思うだけになる。もう半分は諦め状態。

大体インドでは自分の期待通りに物事は進まないのだ。おいしいと評判の店に出掛ければおいしい料理が食べられるという、あまりに当り前の常識がインドでは通じない。

次の日は別の店に行って焼き飯を注文した。だがしばらく待って出てきたものは焼きそばだった。

「私の頼んだのは焼き飯だけど？」

店のオーナーがメモを確かめたところ確かに焼き飯と書かれていたようで、作ったコックさん

が慌てて私のところに飛んで来た。「ノープロブレム。大丈夫だ」と言うから、てっきり作り直してくれるのだろうと思ったら「味は同じだ、これを食え」と言う。

ここで私は又イカってしまう。あんた誰のお陰でメシ食ってるのだ、客を何だと思っているのだ！　ええ！

とことんヘソ曲げてやろうかと思ったが、ふと見るとコックさんの懇願《こんがん》するような顔。彼の給料から引かれるのかなぁ、と気の毒になって、ま、いいよ、と言ったら彼は笑ってゴメンと言ったのだった。何だ、最初からそう言えばいいのに。彼も何とか食べてもらおうと必死だったんだろうなぁ。

相手が何かミスをしたら、ここぞとばかりそのお陰でこちらがどれだけ被害を被《こうむ》ったかを言い立てて、とことん責任を追及するのが私達の社会のやり方である。

相手に非があるときには、私達は好んで被害者の立場に立とうとする。そしてその落ち度を責めたてるとき、私達は自分で気付かないうちに加害者に転じているのだ。被害者と思っているとき、私達は往往にして相手を非難する正当な権利があると思っている加害者にすり替わっていることがある。

自分だって失敗ばかりやっている不完全な人間なのだが、しかしその自分は失敗しないように頑張っているから、人の失敗には寛容になれないのだ。自分は相手を許してやらないから自分も許してもらえない。自分でもそんな自分が許せない。だから私達は失敗をしてはいけないと、ますます戦々恐々としている。何だか悪循環を繰り返しているみたいだ。

だけど、もしお互いに許し合うことができたら、そっちのほうが良いに決まってる。ノープロブレム。

インド人から見たら、私達の社会は、お互いにあら探し、揚げ足の取り合いをしているように見えるかもしれない。インド人には人間は失敗をするから人間なのだと、相手の失敗を大目に見てやる心のゆとりがあるようだ。

とにかく、レストランで注文すれば注文通りのものが食べられる、という常識さえもインドでは通じない。

ミカさんお勧めのレストランにも三回程行ったのだが、三回ともコックが「寒さのため」休んでいたので、結局おいしい料理は私の口には入らなかった。ふん、そのコックの料理だってどうせ大したことはなかったに違いない、と負け惜しみを言うしかない。

インドではおいしい料理にありつくのも運次第である。

それにしても彼等はどうして考えないのだろう。常においしい料理を出していれば、そのうち評判が広がって客が増える、という当り前のことを。不思議だなぁ。

もしも彼等がちょっと欲を出して、うちはよそより儲かりたい、と思えば、それはほんの少しよそより良い料理を出したり、よそより品質の高いものを作ったりすればいいことで、元々のレベルが低いのだから簡単なことのはずだ。七〇パーセントの力を八〇パーセントに引き上げることはそんなに大変なことではない。ほんのちょっとの努力で達成できることではないか。

インド人の中には私が日本人だと言うと、日本はインドの二十倍くらいは金持ちだ、と羨《うらや》ましがる人もいるけど、彼等は、ではどうして日本が金持ちになったのか、については全く考えないようだ。簡単なことだ。日本人はインド人の二十倍働いている。

あるとき私は電話屋に行った。インドではまだ一般家庭には電話のないところの方が多いようで、だから電話屋は沢山ある。

その時はネパールのポカラにかけようと思ったのだが、何度かけてもつながらないのだ。かけている相手も電話屋なのだから、通じないはずはない。変だなと思って別の店に行ってみると、前の電話屋が教えたポカラの番号が間違っていたのだった。プロ意識の欠如である。

又、あるときは別の電話屋から日本にかけていたら、話している最中に奥の自宅からよちよち歩きの子供が出てきて机に上り、耳許でわーわー騒ぐのだ。高いお金を出して日本にかけているのに、これでは聞こえないではないか。

子供がわざわざ出て来なくても、電話屋の親父自身が遊びにきた人とガハガハ大声で笑ったりして騒いでいるからやってられない。おまけに、今日は偉いババの講演があるから、と言っては何の予告も無しにホイホイ休業したりする。

電話屋は皆、競争が激しくて大変なんだよ、とぼやいているが、この程度のサービスでも商売が成り立っていけることの方が私には余程驚きだ。

全く羨ましくなってしまう。これじゃインド人の頭が禿《は》げないわけだ。この程度で生活できるんならいいなー、とインドに来る度になんとか移住する方法はないかと真剣に考えてしまう。カリカリ生きようがヘラヘラ生きようが同じ一度きりのこの人生なのだ。

彼等は電話を引きさえすればそれで商売は成り立つと思っているようで、後はただひたすら客を待って一日ぼーっとしている。その客が来たときに正しい番号を教えるというのは、彼等の唯一の仕事ではないか。どうしてそれさえできないのか。客が話しているときは、まして国際電話ともなれば、話しやすい静かな環境を作ってやるというのも当然の配慮ではないか。どうしてそういう当り前のことにさえ気付かないのか。

彼等は一日に一分だって仕事に対する努力というものをしていないのではないか、と疑いたくなる。仕事をしている時でさえ仕事に集中していないのだ。彼等は皆、もっとお金が欲しいなーとは言うが、それは精々、あったらいいな、くらいのもので、要するに本気ではないのだ。もし本気だったら、それは必ず行動になるのだから。

大体、今日は休みだからゆっくりしよう、とか言うように、日本人にとってはゆっくりするというのは贅沢を意味する言葉なのだ。それは私達にとっては取って置きの特別な時間なのだ。それを何だ、インド人は。一日二十四時間、一年三百六十五日ゆっくりしていて、こんな贅沢な人生を送ってていいのか。こんなこんなこーんな贅沢な生活してるくせに、その上金まで欲しいのか。

日本人はどうやったら客を呼べるか、どうやったら良い物を作れるかを一日二十四時間考えて、その競争の中で切磋琢磨《せっさたくま》して発展してきたのだ。全くＮＨＫのプロジェクトＸに出てくる挑戦者たちの姿でも見せてやりたいものだ。

なのにどうしてインド人は競争しようとしないんだろう。

聞くところによるとここ数年の産業の急速な発展は目覚ましく、バンガロールなんかはインドのシリコンバレーとまで言われているそうだ。競争に明け暮れて努力に努力を重ね、一旗あげてインディアンドリームを実現した人も多いらしい。

町には外国製品が溢《あふ》れ、三億人もの中産階級が出現し、奥様方は肥満を気にしてエアロビクスに精を出していると聞く。高級列車が作られ、デリーには地下鉄もできたらしい。

私の知らないところで、実はインドもかなり変わってきているのだ。

もしもインドが快適や贅沢や経済の発展などの物質的豊かさを望んでいるのなら、この国は紛《まぎ》れもなく後進国だろう。しかし百年後、インドが日本のようになっているかと言えば、私にはそれはどうしても想像できないのだ。

日本では皆が我先に行こうとして走っている。だけどインドでは走ろうとせず、どっしりと腰を下ろしている人の何と多いことか。

もしも仕事のできる人を優秀な人と呼ぶのなら、日本は八〇パーセントの優秀な人と、二〇パーセントのダメな人でできている。プライドの高いインド人が聞いたら怒るだろうが、インドは多分この比率が逆だろう。しかし優秀な人が多いのが良い社会なのだろうか？

私達は生き残るために一〇〇パーセントの仕事をしようとする。相手にも一〇〇パーセントの仕事を要求する。しかし人間は元々一〇〇パーセント完全なものには創られていないのだから、一〇〇パーセントの仕事をすること自体に無理があるのだ。

その無理からくる軋《きし》みが私達の社会の歪みとなって現れているんじゃないか、と私は思う。いじめとか、ひきこもりとか、理由のない殺人とか。

押さえつけられていびつになったものは正常に戻ろうとして、捻《ね》じ曲げられたものを何かの形で放出しようとするのだ。

インド人というのは自分も一〇〇パーセントで仕事をしない代わりに、相手にもそれを求めていない気がする。人間には誰でも何かできないことがあって、インド人はそれをお互いに許し合っているように見えるのだ。

一体どうして私達はこんなに無理をしているのだろう？　無理をしてまで何を手に入れようとしているのだろう？

日本ではできないことがあってはいけない。私達は優秀なロボットにならなければいけないからだ。ありのままの自分であってはいけない。自分自身を殺さなければいけないのだ。

私達は子供の時から自分の感情を無視して、ただ教えられたことを教えられた様にやる、ということを訓練されてきた。

自分の頭で考えることは必要ではないし、まして自分の肌で感じることなど無駄以外の何物でもない。詰め込み教育の中で大切なのはただ大量に覚え、テスト用紙に教えられた通りの正解を書くことなのだ。だから個性は問題ではない。思いやりも必要ではない。私達は社会の歯車の一つ、部品の一個になる必要があるのだ。今自分がどう感じているか、本当はどうしたいのかはこれっぽっちも問題ではない。私達が教えられてきたことは、優秀な規格品になる方法だけなのだ。だけど、どうして私達は優秀になる必要があるのだろう？　優秀でなければ生き残れないからだ。

どうして生き残れないのだろう？　食うか食われるかの競争をしているからだ。

どうして競争しているのだろう？　人より多くを手に入れたいからだ。そこに「もっと」という欲があるのだ。

「必要なだけのお金があったら欲を出さずに満足するべきよね」

と言うと、あるインド人はこう答えたものだ。

「その必要という線をどこに引くかが問題なんだ。君達ツーリストはそれだけ沢山のお金と物を持っていても、まだ足りないと思っているだろう」

そうだ、足りない、と思っているから私達はあんなに気違いじみたスピードで働いているんだ。足りないと思っているから、そこに欲望が生まれる。もっと欲しい！

本当は足りているのに足りていないと思い込む。足りないものは埋めないといけない。だから、そのために毎日頑張って競争して何かを得ようとしているのだ。

インド人の家に遊びに行くと、家の中は実に雑然としていることが多い。洋服は箪笥《たんす》に、本は本棚に、というようにあるべきところに物が収まっておらず、彼等には物を管理する能力が欠けているように見えるのだ。そしてそれは物に対する執着の薄さ、所有することに対する執着の薄さなのではないかと思うときがある。

家の中にある物は、初めて訪ねた十年以上前から何も変わっていない。ビル一軒買おうかというお金持ちの家でも、今だに十四型の旧式のテレビを使っていたりする。彼等は、もっと欲しいとは思ってはいないようなのだ。

私の愛用の腕時計がとうとう壊れてしまった。本体にある、ベルトを付けるための細長い金具をパチンとはめ込む穴が欠けてしまったのだ。十年以上も前に買った安物だけど、ズボンのポケットに入れたまま二回も間違って洗濯機で洗ってしまったのに未だにめげずに動いていて、私はもうこの時計を愛しちゃってるのだ。

今まで何度もベルトを取り替えながらも愛用していたのに、そのベルトを通す穴が欠けてしまったんじゃもう腕には巻けないかなぁ、と私は半分諦めつつ一応修理に持っていった。

インドにはいろんな露天商がいて、道端に座った耳掃除屋さんや歯医者さんなんかがおり、時計の修理屋さんも勿論いる。

修理屋さんは私の時計を見ると何でもないように欠けた穴の横に新しい穴を開け、ベルトを通した細い金具を無理やり曲げて、その新しい穴に押し込んだのだった。

何とお見事。私の時計が甦《よみがえ》った！　又ちゃんと使える腕時計になったのだ！

私は感動した。こんな単純で素晴らしい修理の方法があるなんて。

「あんた達の国は使い捨てで古くなったら何でもゴミのように捨てるだろう。だけどインドでは修理して使うんだ。俺達はこのことに誇りを持っているぞ」

と、そのインド人は言った。

　私はメイドインジャパンの製品を使う時、それが何であっても密かな優越感に浸る。ふふふ、この完璧さ。インドにこんな良い物ないだろう。

「だけど日本にあるのは技術だけじゃないか。俺達の国にはマンゴーの木があるぞ。バナナもできるぞ。猿もいるし象もいるぞ」

　こういう時私は、もしかしたらインド人は全員悟りでも開いているんじゃないかと思ってしまう。道端でピーナツでも売って日銭を稼いでいるような兄ちゃんまでこんなことを言うから、恐れ入ってしまうのだ。

　インド人というのは世界とか地球とかのことを結構考えているようで、海外旅行なんてしたことなくても頭の中は地球感覚のようだ。そして背筋を伸ばし胸を張って、インドNO1、などと言う人の何と多いことか。一体何を根拠にNO1なのだ。その誇りはどこから来るのだ。インド人は生まれたときから悟っているのか。

　私達が競争に明け暮れてイライラしながら走り回っているときに、インド人は大地にしっかり足を着けて、今ここに存在している。

　人間にとって大切なのは向上心だとずっと思ってきた。だけど本当にそうなのだろうか。

　インドから、そう信じて頑張り続けている人達の住む日本に帰ってくると、日本という国はモノトーンに見えるのだ。インドは命で溢れていて、これでもかってくらいにぶちまけたあらゆる色でこぼれんばかりなのに、日本には躍動している色がない。弾けている色がない。遊んでいる色がない。生き生きしている色がない。私が都会に住んでいるから特にそう感じるのかもしれないけど、町にも人にも表情がないのだ。

インド人はどうしてこんなに幸せそうにしているのだろう？ もっともっとと求めて一〇〇パーセントを目指して頑張り続けるのと、幸せでいることは、どっちが大切なのだろう？

私達は毎日頑張って幸せを手に入れようとしている。だけどインド人は、幸せは既に今ここにあることを知っているのではないか。



インドではトイレで用を足した後、紙ではなく水を使うのだが、慣れると紙より気持ちいい。しかしやり方が悪いとこの時跳ね返りが一滴二滴手や足にかかり、たまに顔にもかかったりして、私はこれが我慢できない。

多分この一滴を気にするかしないか、というのがインドと日本の決定的な差なのだ。

日本人は気になるので何とか解消しようと頑張って知恵を絞り、努力に努力を重ねて水の方がいい人の為にウォシュレットというハイテクトイレを生み出した。しかしインド人は気にしないので、何も頑張らずに幸せに暮らしている。

今日も私は忙しい。

大抵の日本人は何かせんといかん病というものにかかっていて、忙しく何かしていないと取り残されてしまうんじゃないか、という不安にかられてしまうのだ。怠けてしまった自分に自己嫌悪に陥《おちい》り、他の人より後れを取ることに焦りを感じるのだ。

私達は常に忙しくしていなければならない。前進していなければならない。向上していなければ。そうしないと敗者になってしまう。

日本人にはインドに遊びに来ていても日本人らしい勤勉さで、次々と観光のノルマをこなしていくような人がいる。

バラナシなら朝はボートに乗ってガンガーから昇り来る朝日を眺め、午前中はバラナシ大学に観光に行って、午後は火葬場を見物に行く、など。ガイドブック片手に走り廻って、全くインドの時の流れにそぐわない。

時は金也、一分だって無駄にはできない。常に人より早く行動するということを教え込まれてきた私達は、ゆっくりと何もしないでくつろいでいることができないのだ。

郵便局に葉書を出しに行く。すると今日は何か込み入った仕事をしているのか、切手下さい、と何回言っても無視し、仕事が一段落したところでやっとチラとこっちを見て、今忙しいから明日来い、と言う。

明日来い？　どんな複雑な仕事をしているのか知らないが、どうして切手一枚が売れないのだ。引き出しを開けて切手一枚出すくらいが何の手間だというのだ。それをしただけで今までやっていた仕事を忘れてしまうくらい、あんたの頭は悪いのか。

いくらややこしい仕事をしているといっても、彼は何も一心不乱にやっているわけではない。

ちょっと書類に目を通し、うーむと考え、何か書き込み、お茶飲みながら、仲間と無駄口叩きながら、せいぜい子供がクイズでも解いている程度の真剣さではないか。この仕事の能率はどう見ても日本人の百分の一程度だ。

しかしこういう場面でもイライラしているのは私くらいのもので、インド人は実に我慢強く待っている。日本は待たせてもいないのに、お待たせしました、と言う国である。スピード命である。お客様を待たせるということは犯罪なのだ。

日本では全ての用事はスピーディーで簡単に片づく。銀行でお金を引き出すのも、汽車の切符を買うのも、ボタン一つで一分もかからない。お腹空いたと思えば食べ物だってすぐに出現する。夜中でもコンビニに駆け込めるし、袋を開けてチンすれば、それでもう熱々のものが食べられるのだ。

しかしこの全てが早くて簡単という社会の中で生活している私達は、もう我慢するということができなくなってしまった。

そして忍耐の欠如というのは子供の証拠だろう。インド人は五才の子供だと思っていたけど、こういう時は、慌てず騒がず成熟した大人に見えるのだ。

そして私は思う。何でも早く簡単な社会から、早く簡単にキレる子供が生まれてきたことは当然のことではないかと。

次の日郵便局に行くと、切手は昨日全部売り切れたからまた明日来い、と言う。葉書一枚出すのにどうしてお百度踏まないといけないのだ。

ここで又しても、郵便局へ行けば直ちに切手は買えるものである、という常識は覆《くつがえ》される。インドでは葉書を出すのも運次第なのだ。ついでに拍手《かしわで》の一つも打っておく。出した葉書が必ず着くとは限らない。インドでは着いてくれたら有難い、という程度のものである。

何もかもが思い通りに進まないインドでは、苦労した末にやっと目的を果たしたときには有難いと思ってしまう。葉書一枚出すのも、レストランで注文通りのものを食べるのも、汽車が目的地へ着くのも、何でもないことなのにインドでは有難い。

当り前だと思っていたことも、気が付いてみれば実は沢山の人の努力の上に成り立っていて、本当はこんなに有難いことなんだなぁ、としみじみ感じる。そして有難いと思っているとき、人間は幸せなのだ。

私達はいつも自分の頭の中で計画を立て、シナリオを書いて、その通りに進まないとイライラする。全ての用事が滞《とどこお》りなくさっさと片づいていく日本では、赤信号にひっかかっただけでもイライラしてしまう。

しかし良く考えてみれば、物事を自分の思い通りに進めようということ自体がそもそも間違いなのだ。自分だって誰かの思い通りに動こうなどとは思わない。それなら相手が自分の思い通りに動くわけはない。自分が急いでいるから相手にも急がせるというのは我ままというものだろう。

そして自己中心のその発想もまた子供のものだろう。自分が王様で世の中は自分の思い通りになると思っているから、そうならなかったときに腹が立つのだ。

物事がうまく運ばないときに他の誰かのせいにするのは子供。相手の間違いを許してやれないのも子供。良い大人というのは、その人の中にあるお陰様の気持ち、相手に対する思いやりの量で決まるのではないだろうか。

そしてインドという国は、この思いやりの上に成り立っているような気がするのだ。


またしても急ぎの用で歩いていたら、向こうから水牛の行列がやってきてしまった。道が狭い所で出会ったりしてしまったら、牛一頭通るのがやっとだから、べたっと壁に貼り付いて彼等がユタユタ行くのに道を譲るしかない。人間様優先、などと言っても仕方ないのだ。水牛を追っている人も他の通行人が待っているからといって、あ、すいません、迷惑かけます、などと恐縮したりしない。恐縮しても通れないものは通れないのだ。

ああ、又しても無駄な時間が過ぎていく。気持ちばかりが焦って今日の予定が狂ってしまう。前へ進むことは本来楽しいことのはずなのに、いつも急がなくちゃと思っているから辛いのだ。

水牛がやっと通り過ぎたので、私は又急ぎ足で歩き始める。すると今度は知り合いに呼び止められる。

「茶でも飲んでいけ」

「だめだめ。今、時間ない」

「お茶の一杯くらいいいだろう」

「行くとこあるんだから」

「何をそんなに急いでいるんだ」

訊かねぇでおくんなせぇ。実はこれにはふかぁい訳が……

あったっけ？？？

そう言われて改めて考えてみれば私は何をこんなに急いでいるんだろう？

よくよく考えてみればそんなに急ぐ用事も大切な用事も此の世にはない。どうしていつも頑張ってしまうんだろう。

能率第一の社会の中で、役に立たないもの、無駄な物は全て切り捨てられ、私達は身体の寸法にぴったりの堅い服を着せられた人間のように、息さえ自由にできなくなってアップアップしている。服には無駄が必要なのだ。身体のサイズ以上の無駄な布があるから自由に身体が動かせ、それが心にゆとりを与える。役に立っていないものが役に立っているのだ。

本当は役に立たないものなどないのに、私達は無駄を限りなく省《はぶ》こうとしている。郵便局での待ち時間も無駄。レストランに入ってハズレの料理に当るのも無駄。仕事のできない人間も無駄。だけど無駄こそがゆとりなのだ。

だから自分で立てた計画に自分で縛られていないで、友人とお茶でも飲んで無駄な時間を楽しめばいい。

所詮、私達はこの世という舞台で人生という劇を演じているに過ぎない。人生は思い通りにいかないから面白いのだ。それならその思いがけなさを楽しんだ方がいい。

何も私は頑張りたいわけじゃない。やりたくもない努力なんかをしている間に時間は通り過ぎ、それは二度と帰ってはこない。あっと気づいた時にはばーちゃんになり、あっと気づいてみればばーちゃんになる前に死んでしまっているかもしれない。時は金也。努力なんかしている暇があったら、せいぜいお茶でも飲んで今しかない今を楽しんだ方が良いのだ。

こんなふうに知り合いとお茶を飲み、水牛に道を譲り、あちこちに寄り道していたら、十分の距離も数時間になったりする。やっと郵便局に辿り着いても又散々待たされて、葉書一枚出すのにも半日かかったりしてしまう。しかし起こってくることをそのまま受け入れさえすれば、イライラする出来事も楽しいハプニングに変わる。そして私は、ああ、今日はゆっくりしたと満足するのだ。

ヒンディー語のノートは相変わらず書きにくいしパンツは既にビロビロだ。だけどそれが何だというのだ。良いパンツをはかないと生きていけないわけじゃなし、良いパンツを買うために沢山頑張るくらいだったら、ボロのパンツをはいてくつろいでいた方が良い。そうすればボロのパンツしか作れない人にでも優しい気持ちになれるだろう。

一〇〇パーセントを追求する日本は素晴らしい。しかし一〇〇パーセントを求めないインドも素晴らしい。

ノープロブレム。

# ゼロ

十月のある日、雨季の最後の雨が降った。今日は一日朝からシトシト雨で少し肌寒い。シャワーは水しか出ないので、夜にならないうちに浴びておくとしよう。私はタオルや石鹸を持ってシャワー室に向かった。

ところが共同のシャワー室のドアを開けたら、そこに隣の部屋のトモコさんが裸で立っていたのだ。

ギョギョッ。慌ててドアを閉め、

「ちょっと、トモコさん。中にいるんなら鍵をかけてよ」

と言うと、トモコさんは間の抜けた声でこう答えたのだった。

「だってかたいんだも〜ん」

この扉は確かに固くて、きっちり閉めて鍵を掛けるには全身の力を入れて、うんしょ！　と力一杯引っ張らないと閉まらないのだ。

だけど鍵を掛けないままシャワーを浴びるトモコさんの神経の太さも大したものだ。開けたのが私だから良かったものの、男だったらどうするの。

インドに来た人は大抵病気にかかることになっている。

インドにはノープロブレム菌という強力な菌がいて、しばらく居ると細かいことが気にならなくなってくるのだ。というより、インドは余りに刺激に満ちていて毎日のようにとんでもないことが起こるので、そっちのほうに笑ったり怒ったりで忙しく、細かいことにはかまっちゃおれん、というのが正しいかも知れない。だんだん感覚が麻痺してくるのだ。

たまに抵抗力が強くてこの菌に感染し損なう人もいるが、そういう人は全く逆のインド嫌い病にかかって早々に帰国する。

トモコさんはインドに来てまだ一ケ月もたっていないのに、空気感染するノープロブレム菌に既に冒されていて、もうかなり重症のようである。

トモコという名前はインド人には覚えにくい名前のようで、「トメコ？　トマト？」などと言われるので、彼女は面倒臭くなり、しばらくすると名前を訊かれたら最初からトマトと答えることにしたようだった。猿が飛び交う部屋の前の通路で平然と昼寝したりするし、元々素質があったのかもしれない。

トモコさんはネパールからインドへ来るときに、「インドは嘘吐《つ》きと泥棒と悪い奴ばかりの国だから気を付けろ」と散々脅され、インドに入ったらインド人の目の鋭さに少し緊張したらしいが、今ではもうすっかりくつろいでいる。

こんなふうに初めてインドに来ても、来た途端に、故郷に帰って来たみたいだ、とドンピシャリはまってしまう人も中には居る。

ところでこの宿のシャワーは未だに水しか出ない。冬は短期間だが一応あって、その間はインドといえどもセーターが必要なくらいには冷え込む。宿の一家も当然ここでシャワーを浴びているのだが、彼等はそれをどうにかしようと思っている様子は全くない。

「寒くないかって？　そりゃ寒いよ。だけど水しか出ないんだから仕方ないだろう」

仕方ない？　仕方ないことはないだろう。

事実、隣の国のネパールの宿ではソーラーシステムで二十四時間お湯が出るし、インドでも、大きい瞬間湯沸かし機みたいなものを付けてお湯を出しているところもあるんだから。

私はいつも不思議である。どうしてインド人は快適さを求めないんだろう。冬の寒いときに冷たいシャワーを浴びるのは嫌だ、これを何とかしようとどうして思わないのだろう。

「いや、冬にシャワーを浴びるコツがあるんだ。まずシャワーを浴びる前にカラシ油を身体中に塗るんだよ。その辺の店でどこでも売ってる。それからマッサージをしてからシャワーを浴びてごらん。そんなに寒くないから」

なるほど、試してみたら確かに寒くないようだ。カラシ油は刺激性のある油なので、身体に塗り込むとそれだけでポッポッと暖まってくる感じなのだ。その上からシャワーを浴びると水が身体の表面をポロポロと転がって、それほど身体の芯まで冷えないようだ。

そう教えてもらって見てみれば、ガンガーをお風呂替わりに使っているインド人もガンガーに浸かる前にガートの上でせっせと身体に油を塗り込んでいる。うーむ、生活の知恵なんだなぁ。

だけど、どうしてインド人はこれで満足していられるんだろう？　どうして身体に油を塗ったりするよりもお湯を沸かす方法を考えようとしないんだろう？　どうしてもっと快適になりたいと思わないんだろう？

必要は発明の母というが、こんなの嫌だ、もっと快適に暮らしたい！ という思いから私達の国、日本は発展してきたのだ。ああ、蛇口をひねってスイッチを入れさえすれば、いつでもたっぷりのお湯に浸かれる生活の、何という快適さ。


トモコさんがバラナシにいた間の約一ヶ月は、私は毎日トモコさんとツーリスト向けのレストランに通った。

トモコさんとはチベットのラサで会い、ネパールのカトマンドゥで会い、ここインドのバラナシで又会った。

別に日程を相談して待ち合わせをしたり、メールをやり取りして連絡を取りあっていたわけではないが、縁とはこういうものだろう。

地球上にこれだけ沢山の人間がいても一生の間に出会う人の数なんか知れているのに、会う人とは何度でも会う。人と人とが出会うというのは不思議なものだ。

だから、旅の恥はかき捨てとばかりいい加減なことをやっていると、また違う所でバッタリ会って改めて恥をかくことになる。世界は広くても世間は狭いのだ。

ここのレストランは多少割高なのだが、実は私達にはどうしてもそこへ行きたい理由があった。可愛い男の子が働いていたのだ。彼はビシャールという、七、八才の子供だった。

日本と違ってインドでは小さい子がよく働いている。まだまだ貧しくて学校に行けない子供が沢山居て、そういう家庭ではこういう小さい子を丁稚奉公《でっちぼうこう》に出すようだ。ビシャールもお父さんが病気かなんかで働けないらしく、彼はこんなに小さいのに、家計を支えているれっきとした大黒柱の一人なのだ。

それも、こういう風にレストランで雇ってもらえたりしたらラッキーな方なのかもしれない。職にありつけない子は絵葉書を売ったり、体重計一個持って道端に座って体重を計らせてお金を貰ったり、つまらないお土産品を売ったりして一生懸命稼いでいる。

ここのレストランにもやはり体重計をズダ袋に入れた小さな子供がちょこちょこ出入りしていて、テーブルに座っているツーリスト達に声を掛けて廻っている。

「体重計ってみないかい。あんたは僕の友達だから、本当は二ルピーのところ一ルピーに負けとくよ。ノーツーリストプライスだよ」

などといっぱしの口をきき、余りに生意気で可愛く、そしていじらしい。

今の日本の子供は学校に行きたがらないらしいが、彼等はどんなに他の子達のように学校に行きたいだろうか。

毎日通ってきて、その辺の食堂の何倍もの値段が付けられた食事を何のためらいもなく食べ、別に飲み物も注文し、ついでにデザートまで食べて、一回の食事に自分の一日分の給料より多いお金を何の疑問もなく払っている私達ツーリストを、遊びたい盛りの彼等はどんな思いで見ているのだろう。

しかし彼等は一様に明るくて、悲愴感《ひそうかん》なんてこれっぽっちも感じさせない。あんなに小さいのに自分の運命をしっかり受け入れているようだ。なんて健気なんだろう。

このビシャールも小さいのに朝早くから夜遅くまでこのレストランで働き、私から見たら可哀相な境遇だと思えるのに、彼はいつも明るかった。彼は役者のようにパフォーマンスすることが好きなおしゃまな子で、ちょこちょこテーブルに来てはちょっと戯《おど》けて見せる。全然疲れた様子を見せず、愚痴もこぼさず、いつもひょうきんなことをして私達を楽しませてくれるのだった。


お茶を飲んでいたら又停電になってしまった。

インドはやたらと停電が多くて、一日一回は必ず停電する。デリーなんか一日のうち半分くらいは停電していた。

何でもここのところ産業が急速に発展して電気の供給が間に合わず、電力会社が計画的に電気を止めているらしいのだ。しかしそれ以前は電力が有り余っていて停電はなかったかというと、そんなことは全然無い。やっぱりしょっちゅう停電していた。

停電になると何が起こるか。扇風機が止まるのだ。暑い時期だと、扇風機が止まったら五分以内に部屋を脱出しないと見る見る身体中から汗が吹き出してくる。サウナどころの騒ぎじゃない。だから直ちに必要なものを用意して部屋の外に避難しないといけない。

これは非常事態である。しかしこの非常事態は何と毎日起こるから、インドでは日常茶飯事である。日常的に非常事態が発生する国。驚きなのだ。

しかしインド人は気にしていない。電力会社の奴は何をやってる、などと怒り出したりはしないようだ。「これがインドだよ」と言って笑うのみである。インドでは電気というものは一日一回は止まるものなのだ。

私達は自分達が快適になるために周りのものに完璧さを求めようとするが、インド人は品物や仕事や人間にも完全を求めないのと同様、環境にも完全を求めていないようだ。彼等は、今、ここで満足できる心の強さを持っているように見える。そして今ここで満足できたら、それが一番いいに決まってる。

日本での生活は完璧だ。停電なんか余程の災害でも起こらない限りまずない。一分だって止まることはない。家の中は便利な物、贅沢な物であふれ、生活を快適にするためのあらゆる設備が揃っている。殆どの用事はスイッチ一つ、ボタン一つ、電話一本で事足りるし、その気になれば、冷暖房完備の快適な部屋から一歩も外に出ずに生活できるだろう。

しかしそれにも拘《かかわ》らず私達は満足していないのだ。スイッチ一つで風呂には入れるけど風呂掃除はしたくない。エアコンがあって便利だけどフィルターを替えるのは面倒だ。もっと楽に便利になりたい。どれだけ便利に簡単になっても小さな不満が生まれてくる。ますます小さな隙間が気になっていく。

インドはゼロを発見した国だと言われる。
インドは、何も無いゼロの状態がアル。アルを発見した国なのだ。

彼等のものの見方は、どうも私達とは違っている感じがするのだ。私達は常に百点満点に目標を置いて、百点満点の方から見て、あ、あそこがまだ足りない、と欠けている方ばかりを見ているのではないか。

私達は環境さえ完全であるのが当然と思って、一時間でも電気が止まろうものなら、一時間も止まった！　と大騒ぎする。百点を期待していると欠けている方ばかりが気になるのだ。ナイの方ばかりを見て、ナイものを追い求めて右往左往しているようだ。

しかしインド人はゼロの方からものを見て、たとえ一日のうち半分は停電していても、一日十二時間も電気がくると言って満足している気がする。

快適さはどこにあるのだろう？

一日十二時間の停電の中でも満足しているインド人と、一日二十四時間電気がきていても不満な日本人と、どっちのほうが快適に暮らしているのだろう？

完全に快適な生活を送るために、日本はひたすら開発する。

土砂崩れが起きないように山を固め、村を潰《つぶ》してダムを造り、海さえ埋立て、有り余る電気をふんだんに使うために原発を造る。人間サマだけの都合のために環境をコントロールしようとし、それどころか命さえ操作しようとしている。遺伝子組み替え作物やクローン動物なんか、私には空恐ろしいばかりだ。

世界は完全なバランスの上に成り立っている。此の世には人間が手を出してはいけない神の領域というものがあるのだと私は思う。

食べられることが当り前になって人間は謙虚さを忘れ、いつしか思い上がってしまったのではないか。人間は有限で不完全だということを忘れ、傲慢《ごうまん》になって自然の恵みのお陰で生かされていることを忘れてしまったのではないか。人間の力でできないことは何もないと勘違いして、私達は知らない間にバベルの塔を築き始めているのではないか。

どうして人は人を殺してはいけないのかというようなことを理屈で考える、命の尊さが分からない子供が、神様や自然や命に対する感謝や畏敬《いけい》の念の喪失《そうしつ》した、こういう現代社会から生まれてきたのは当然のことかも知れない。

日本に帰ると沢山の人の苦労や努力の基に成り立っている便利で快適な生活を有難く思う。だけど夏にエアコンは必要なのだろうか。一家に一台コンピューターや車を持つこと、二十四時間営業の店があること、他の国の人の分の食べ物まで食べることは必要なのだろうか。

私達がその贅沢と引き替えに失ってしまったものはあまりに大きい。今や環境破壊は地球規模で進行している。

贅沢で快適な生活と豊かな自然。私達の命を養ってくれているのはどっちなんだろう?

インドに来るといつも思う。ここの国の人達はどうしてこう満足しているのかと。

仏教だったかヨーガだったかに知足という教えがあって、足りることを知れ、という。

インド人はいくら足りないことがあってもそれに文句を言わず、ゼロから足りている方を見て、ある分だけで満足しているような気がする。ノープロブレムと言って。そして満足するというのは感謝して喜ぶということだ。

感謝して喜んだ瞬間に此の世は感謝と喜びで満たされ、人間は、今ここで幸せになることができるのだ。

そろそろ雨が上がって私達は出かけることにした。トモコさんは明日帰国するので、その前にお土産を買いたいのだそうだ。私もそれに付き合うことにした。

いつもの細い道を広いメインロードの方に向かって歩いていると、レストランの前は何ともなかったのだが、先に進むにつれて途中から少しづつ道が浸水してきている。こっちの方が土地が低いのだろう。靴だととても歩けないが、私はゴムゾーリを履いているから平気だ。そのうち捌《は》けるかな、と思って余り気にせず歩いていたのだが、水は益々深くなる一方だった。

そしてメインロードまで来た時、私達はその光景にあっと立ち尽くしてしまった。

道が川になっている……。

このメインロードは幅が二十メートルくらいだったと思う。その道全部が水に被《おお》われていて、そのかなりの水位の川は、ゴーゴーと波を立ててガンガー目指して走っていたのだ。

ここはメインロードと言われるくらいだから、普段は賑《にぎ》やかな所だ。

道の両端にはずらりとサリー屋などの商店が並び、その前には更にずらりと露天商が並んで、お土産や、オモチャや、お菓子や、食器や、下着や、日常の細々したものや、有りとあらゆる物を売っていた。地べたには八百屋が野菜を広げていたし、その隣で大きな声で呼び込みしているのはTシャツのバーゲンのようだ。その間には体重計一つ置いて商売する体重計り屋さんの子供や物乞いの人達が座っていたし、なんだかよくわからないけどボーッと座っている人達もいた。竹の先に一杯オモチャをくっつけたオモチャ売りや綿菓子売りが道行く人に声を掛けながら歩いていたし、その中をリキシャが通る。オートリキシャも通る。自転車も行くし、牛は八百屋の野菜を失敬しながらとぼけた顔をして歩いていた。

歩いているとすぐに客引きが寄って来る。

「新しくオープンしたレストランだよ。あそこの二階にあるんだ。インド音楽の生演奏をやってるよ！」

「いや、今はいいよ」

「サリーはどうだ。お土産に最適だよ。特別に安く売ってる店があるよ。ルンギーもついでにどうだ、コシマキ、コシマキ」

「いや、要らない」

「チェンジマネー？　両替、両替。いいレートだよ！」

「又今度ね」

「ハシシ？　上物があるぞ。掘出し物だぞ」

「遠慮しとくよ」

「リキシャ、リキシャ！」

「歩いてるだけ」

毎日が縁日のような賑わいで、普段宿の近所とガート周辺だけで過ごしていると、ここに来るだけでいきなりインドのぐちゃまぜの生命力爆発の喧噪《けんそう》の中に引き込まれる。

おしっこの匂いの中に混じった果物の甘い匂い。お香の匂いや食堂から漂《ただよ》ってくる香辛料の匂い。ガンガーから吹いてくる水の匂いや、その中にわずかに感じる死体の焼ける匂い。

いろんな客引きの叫び声やオートリキシャのクラクションの音。そこ退けそこ退けと怒鳴りちらす声や家族連れの巡礼の笑い声。おもちゃ売りの口上や、死体を運ぶラームナームサッチヘイのかけ声。

あらゆる刺激の渦の中で、あらゆる人間の人生の喜怒哀楽と、人生を終えた死者さえもが交差している場所だった。

そのメインロードから今、全ての物が消え去り、ただただ圧倒的な水だけがあった。

私達はそこに立ち尽くした。雨は確かに朝から降っていたがどしゃ降りというわけではないし、もう一、二時間も前に上がっているのだ。この程度の雨でこれだけ大水が出るなんて、じゃあ雨季の真っ最中はここは毎日こういう状態なのだろうか。しかもインド人はこういうことを毎年やっているんだろうか。

そういえば一ケ月ほど前だろうか、近くの宿に泊まっているスティーブがバラナシに着いた日はどしゃ降りで、首まで水に浸かって宿まで来た、と言っていた。私がバラナシに着いたのはその翌日で、その時も道が浸水しているからと言ってオートリキシャのおっちゃんはかなり遠回りしたのだ。

相当の被害が出たらしいのだが、そんなことの後でさえインド人は何の手も打っていないのだろうか。

その踊るような水の前で、インド人達もやはり私達と同じように立ち尽くしていた。

しかし彼等はこの余りの出来事に茫然《ぼうぜん》としていたわけではない。なんと彼等は、川になってしまった道を渡る人を眺めてワイワイ言ってはしゃいでいたのだ。

道が川になるのにも驚くが、このインド人には更に驚いてしまう。一体なんなのだ、この人達は。

昔、雨季にカルカッタに行った時もやっぱり道が川になっていたのを思い出した。その時もやっぱりインド人は喜んでいたっけ。

彼等はこの非常事態にも少しも動じず、道の向こうに用事のある人は、はいているズボンを捲《ま》くり上げ、ゴムゾーリを脱いで手に持っておもむろに渡り始めるのだ。

まるでここは常日頃から川なのだとでもいうような落ち着きぶりで、あ、川がある、あ、橋がない、ズボンをまくろう、それだけのようだ。ノープロブレムである。

そして慎重に慎重に真剣な顔をして、そろりそろりと渡り始める。川の途中でこけたりしたら大変だ。あるいは何人かで手を繋いで真剣な顔をしながらもはしゃぎながら渡っている人達もいる。そして対岸に着いたら皆、やった、着いた、と、ぱっと笑顔になるのがおかしかった。

川の向こうにもこっちにも何の用事もないのに、ただこの光景を楽しんでいるだけの暇人も大勢居て、そういう真剣な顔をして渡っている人を見ながら、

「あはは、見ろよ、あいつのおっかなびっくりの顔！」

と冷やかしたり、

「あ、危ない、滑るぞ、気を付けろ！」

と囃《はや》したてたりして、見物人達はワイワイ面白がっていたのだ。

もしもこんなことが日本で起こったら、これはまさしく非常事態である。直ちに全国放送のテレビで流され、ニュースキャスターはいつもの深刻な顔で、被害額は××円相当、などとお金に換算して、このあるまじき事態を伝えるだろう。

しかしインド人は喜んでいる。彼等にとってはこの非常事態も、自然が用意してくれた楽しい運動会の楽しい障害物競争のようなものなのだろう。

あめ　あめ　ふれ　ふれ　ピチピチ　チャプチャプ　ランランラン
の世界なのだ。

普段は大きな店の中で、従業員を何人か抱えて威張っているような貫禄《かんろく》あるおっちゃんまでが喜んで渡っているのだから、全く笑ってしまうのだ。

日本だったら、こういうことが起これば偉い人が顔突き合わせて緊急会議でも開き、国家予算を注ぎ込んで直ちに何とかしようとするだろう。二度とこんな災害が起きないように、町自体を大改造するに違いない。繊細な日本人(?)はこういう事態には耐えられずすぐに負けてしまうので、環境のほうを制御しようとするのだ。

しかしインド人は洪水の起こらないような道を欲しいとは思っていないようだし、洪水を災害だとさえ思ってはいないようだ。雨が降れば低いところに水が溜まるのは自然である。だから水が溜まらない道にしようなどとおこがましいことは考えないようなのだ。

でもどうして思わないんだろう？　どうして改善すべきひどい状況だとは思わないのだろう？　それどころか彼等は喜んでいる。どうしてなのだ。どうしてそう楽しそうにしていられるのだ。どうしたら五才の子供の心を忘れないでいられるのだ。

こんなことは許せないと怒っている人も、どうにかしてくれと泣きべそかいている人も見かけない。いや、聞くところによると、一ケ月前の洪水で浸水した商店の人は泣いていたらしいが、どうもインド人というのは、今泣いたカラスがもう笑ろた式にすぐに忘れてしまいそうな感じがする。

もしかしたらただ単に予算がないのでどうにもできないだけなのだろうか、という疑問も、このインド人のはしゃぎ方の前には吹き飛ばされてしまう。

強く念じたことは実現する力を持っている。もし大部分の人が、こんなのは絶対嫌だ！　と思えば、それはその通り形に現れるはずなのだ。しかし彼等はそう思っているような様子はない。仮に思っているとしても、そうだったらいいなー程度のものだろう。

彼等は雨にも負けず風にも負けない強くてしなやかで大らかな心を持っているので、どれだけ踏まれても又雑草のように天に向かって立ち上がり、この非常事態さえも手玉に取って楽しんでしまうという方法で、この自然を制御している。自然は彼等の手の内にあるのだ。

すぐ脇にあるお茶屋は平然として膝上まで水に浸かりながら営業し、目が合うとお茶いかがと呼び込みをする。そして客も殆ど沈没しかけたベンチに座って、何事もないような顔をしてお茶を飲んでいる。

インドがゼロを発見したわけがよく分かる。この国自体がゼロだからだ。この国は一にも二にもなろうとしていない。何もかもが今ここに、ただあるがままにある。インドはゼロの国なのだ。満足な人生を送りたいのなら人生に満足すればよい。楽しい人生を送りたいのなら今ここを楽しめばよい。わかっちゃいるけどできないことが、どうしてインド人にはできるのだろう。

どんなにひどく思われる状況も、捉《とら》え方一つで楽しみにさえ変えられる。たとえ何が起こっても、それを肯定しさえすればプロブレムはノープロブレムになる。ノープロブレムと思ったとき、世界はそのままでノープロブレムに変わるのだ。

いつでも起こってくる状況をそのまま受け入れる五才の子供のインド人は、本当はとてつもなく全てを見極めた大人なのではないか。彼等はこの水さえ肯定して楽しんでいる。驚きなのだ。そして満足のあるところ発展はない。楽しんでるんだったら、日本人の私の目には起こるべからざる非常事態に見えるこの状況も、改善されるはずはないよねぇ、どう考えても。

なんだか、シバ神がどこかでウインクでもしているような感じだ。


日本はあれは駄目だこれは駄目だと言っている。

だけどインドは、あれも良いこれも良いと言っている。


トモコさんは写真家なので、この余りにおかしすぎる光景を是非撮りたい、と思ったが、生憎《あいにく》今日はカメラを宿に置いてきてしまっている。もう時刻はすでに夕暮れだったから取りに帰る時間はない。引き返して来た時には暗くなってしまう。彼女は迷った揚げ句に意を決してリキシャに乗ることにした。

こっちの岸からあっちの岸へ渡る人だけが動いている中で、リキシャは全て水に浸かったまま止まっていた。川の中のそこここにリキシャが静かに止まっているというのもおかしな風景だ。

全ての乗り物が止まっている川の中をリキシャに乗っていく外国人女性。これは最高の見せ物である。こんな出し物はそうそう見られない。これは本日の目玉かも。

トモコさんは注目の的となり、インド人はやんややんやと囃したて、悪いが私もげらげら笑って彼女をサカナにしてしまった。

そうか。こういうふうにして遊べばいいんだな。この川のおかげで今日は楽しい一日になった。尤も、「やっぱりヤだ」と言って彼女はすぐ降りてしまい、このショーはあっけなく終わってしまったが。

トモコさんは運良くインスタントカメラを売っているのを見つけ、ここは一先ずハッピーエンドとなったのだった。

満足したところで、私達は仲良く対岸に渡り始めた。向こう側に用事があったのだ。

膝上まで浸かって歩き始めてみると、思ったより流れが速い。気を付けていないと足を取られそうだ。たまに片方だけのゴムゾーリが流されているわけが分かった。脱げないように足の指にぐっと力を入れていなければさらわれてしまう。道が悪くたまにボコッと穴が空いたりしているので、私達はしっかり手を繋いで歩いた。足もとの状況が何も見えないので、足先で道の状態を探り、ゴムゾーリを逃さないように足の指に力を込めつつ、流れに足を取られてバランスを崩さないように気を付けつつ、私達は渡った。

真剣そのもの。周りの人は相変わらず野次を飛ばしたりしていたんだろうが、耳には何も聞こえない。

そしてめでたく対岸に着いたとき、私達はパッと顔を見合わせて笑ったのだった。渡っている間、私達も他の人達と同じような真剣な顔をしていたんだろう、と思うと自分でおかしかった。

やってみたら楽しかった。

ああ、そうだ。考えてみれば私だって子供の頃は雨降りは楽しかった。水溜りを踏んで遊んだ経験は誰にだってあるはず。道が川になってしまった様子はインドでしか見たことはないが、もし今私が五才の子供だったら、絶対喜んだと思う。

いつもと違う町が出現するのだ。道が川になってしまうのだ。こんな楽しいことはない。だけど、あ、やだやだ、足が濡れちゃうとか、風邪ひいちゃうとか、服が汚れちゃうし後で洗濯しなくちゃとか、余計なことを考えてしまうから楽しめないのだ。

子供の頃、世界はそれ自体がミラクルな遊び場だった。それなのに歳と共に不思議を感じる心を失い、世界は当り前に存在し、何もかもは色褪《あ》せていき、町に巨大なプールが出現しても災害としてしか受け取れなくなってしまう。楽しむ力を失って、キラキラ輝いていた世界は問題だらけのつまらない世界に変わってしまう。

ああ、大人になるってなんてつまらないことなんだろう。邪心のない子供だったら、嫌がるどころか大喜びでここを渡りたいと思うに決まってるのに。

インドの道だからゴミや汚物もいっしょくたになって流れているはずなのに、何だかこの水は美しく見えた。それは空から降って来た水の神様が、汚いものもきれいなものも全て一緒に町中のものをさらってガンガーに連れて行こうとしている、大掃除のダンスのようだった。これは雨季の最後の日の、豪快な儀式だったのだ。

生きている。ここでは人だけでなく、町自体も生きているようだ。

用事を済ませると私達は夕食の相談をした。

「ねえ、今日は何処に食べにいく?」

「やっぱり、あそこだよね」

「さっき行ったばかりだけど、あの可愛いビシャールの顔なら一日中でも眺めていたいもんね」

「今日はテーブルに来てくれるかなぁ」

「あいつ売れっ子だからな」

「最近つれないよね」

「何かお土産持って行こうか」

そこまで言ってトモコさんが、「これってお目当てのかわいこちゃん見たさにバーに通い詰めるおっさんの会話だよね」と言う。

さすがアーティストというのは人より感覚が鋭いのか、この人はたまに、こういう本質をズバリと突いたようなことを言うのだ。

インドに来て日本のすけべ親父の気持ちが分かるというのも変な話だ。うーん、つくづくインドは奥が深い、などと妙な感心をしながら、私達は又してもいそいそとビシャールの天使のような笑顔を見にレストランへと向かったのだった。


次の日、すっかり気持ち良く晴れ渡った青空の下、トモコさんはリキシャに乗ってこの町を去って行った。

しばらくして日本から送られてきたメールを読んでみるとこう書いてあった。

「あのインスタントカメラで写した川の写真を現像したら何と全部真っ黒でした。さすがインド、もう笑ってしまいました」

トモコさんのノープロブレム菌はまだ健在のようだ。

# ブッダガヤに陽が沈む

お釈迦様が悟りを開いた場所、という華々しい仏教の一大聖地の割には、ブッダガヤという所はただの埃《ほこり》っぽい田舎だった。

町というよりはほとんど村で、ただ、その中心には唯の田舎には不釣り合いな巨大なお寺が、ででーん！　とそびえ建っていて、それだけが唯一私達にここが何か特別な場所だということを物語っている。そんな拍子抜けするほどのどかな田舎だった。

その周りの広場には小さな土産物屋や食堂などが並び、近所に日本寺、タイ寺、中国寺など各仏教国のお寺がある他は、ちょっとした市場と、ここに来る巡礼や観光客相手の宿や食堂がぽつぽつ建っているだけだ。日本だったらこんな一大観光地にはホテルや店が犇《ひし》め《め》き合って賑わい、土産物屋はブッダ音頭でも流して雰囲気を高め、ブッダ饅頭なんか売り出すところだ。

ここにやって来る各国の巡礼達も、団体でツアーを組んで専用のバスで動き廻り、主な場所を廻ってお経を上げ、さささーと風のように通り過ぎていくタイプの人が多いようで、気ままな個人旅行のツーリストとて余り無い、ずーっと何千年も前から同じように季節を繰り返してきたんだろうなぁ、と思わせる、静かで平和な場所だった。

このお寺や宿が建ったことを除けば、ここの風景はお釈迦様が生きていた頃と多分そう変わっていないに違いない。唯一変わったのは、さすが観光地だけあって日本語を喋るツーリスト擦れしたインド人が多いことくらいだろう。
夕暮れ時、私は毎日宿の屋上に上がってのどかな田園の中に落ちていく夕陽を眺めて過ごした。あの太陽は、お釈迦様がここに生きていた頃から毎日あの場所に沈んでいたのだ。昨日と同じような今日、今日と同じような明日。毎日太陽が昇ってきて人々は起きて働き、日が落ちれば床に着く。雨季には雨が降り、乾季は日が照り、植物は育って実って刈り取られ、人は生まれて死んでいく。ずーっと昔から営まれてきた当り前の生活が、今も同じように当り前に繰り返されている。

此の世は無常で常に移り変わっている、とお釈迦様は言われたけど、無常の奥には決して移り変わることのない、常、というものがあるのだ、と何となく感じるのだった。それを空《くう》というのだろうか。そしてその感じは私を深く安心させ、ゆったりした気持ちにさせていく。

この世界には、毎日太陽を昇らせ、雨季に雨を降らせ、命を誕生させ、植物を成長させる、知恵と慈悲に満ちた力が確かにあるのだ。

移り変わっても無くなってしまうわけではない。終わってしまうわけでもない。命は生まれ代わり、受け継がれ、甦り、この場所はお釈迦様の時に満ち溢れていたであろう命で、今も同じ様に満ち溢れている。

しかしこの眠っているような平和の村に一大イベント、カーラチャクラが始まろうとしていた。チベットの法王、ダライラマがやって来るのだ。

祭りが始まると、インドのあらゆるチベット村から、ネパールから、チベット人が何万人もぞくぞくと集まってくる。ブータンからもやって来る。チベット仏教に興味のあるツーリストも集まってくる。そしてその人達目当ての商人や物乞いもぞくぞくと集まって来た。何年に一度の一大祭りの始まりである。

普段はのどかでパラパラと人が歩いているだけのこの村は次第に人で膨《ふく》れ上がり、祭りのメインイベントが始まる頃にはまるで縁日のような騒ぎで人でごった返し、お寺の近くは真っ直ぐ歩くことさえできないくらいに人で埋め尽くされた。宿代は十倍に跳ね上がり、あちこちに即席の店が建ち並び、空き地には大きな貸しテントの村ができた。道はリキシャと馬車で渋滞して、のどかなような忙しいような何だか笑える光景だ。

カーラチャクラは二度目だったけど、ここで繰り広げられている人々の営みは全く驚くべき逞《たくま》しさだった。

それは広い屋敷の奥深くで何不自由無く育ってきた深窓のお姫様が、初めて外の世界を見て庶民の生活に触れた時のような驚きだった。

難民としてインドに住んでいるチベット人がこの祭りにやって来るには、その旅費だけでかなりの出費だろう。

彼等は一家総出で、あるいは親戚全部引き連れて、ナベカマから布団（寝袋ではない）まで生活用品一式担いで、満員バスも物ともせず何日もかけてやって来る。それはまさしく民族大移動といった迫力で、彼等は一族で、一体どうやって運んだらいーの、と途方に暮れてしまいそうな量の荷物を抱えて何度もバスを乗り次いでやって来るのだ。

お金に余裕のある人はベッドもシャワーもトイレも完備された宿を取るが、庶民は大体貸しテントに収まり、市場で米や野菜を買って自炊するようだ。

しかしすごい沢山の数のテントが張ってあり、その中にはそれぞれ十人以上の人が収まっているはずなのに、水場はほとんど無く、トイレも整備されていないようだ。

料理をするのには水がいる。食器を洗うのにも水がいる。その命の水をどうやって調達しているのだろう。洗濯はどうしているのだろう。

すぐ近くに川はあったがこの時期は乾季で水は殆ど無く、この埃っぽい所で女性はどうやって身体を洗っているんだろう。トイレだって、これだけ人で溢れていたら相当遠くまで行かないと用は足せないに違いない。急にお腹の調子が悪くなったりしたらどうするんだろう。

私はたまにキャンプを楽しんだりすることもあるけど、それはちゃんとトイレと水場が整備されている場所での話だ。昔、寝袋担いでヨーロッパをヒッチハイクと野宿で廻ったこともあったけど、そんなことが楽しめるのも若い時だけのことだ。とてもこんな生活はできない。

ここは私達の陣地ですよと示し、荷物を置いて、雨風を凌《しの》ぐだけの用しか足さないテント。

日本で何かの災害が起きれば、一週間学校の体育館で避難生活をしただけで人々は疲れ切ってしまうのに、殆どのチベット人は、こんなひどい環境の中でも楽しそうに何日も滞在していた。

何て逞しいんだろう。

しかし、それより更に逞しい人達もいる。

お寺の周りの広場には露天商達がずらりと店を広げて座っていた。服、食器、仏具、食べ物、日用品、何でもあった。

彼等がどこからやって来たのか知らないが、一体これだけの商品をどうやって持ってきたんだろう。彼等は祭りのときに店を広げる日本のテキ屋さんのように車で移動しているわけではないのだ。彼等だってやはり鍋カマ布団一式担いで来た筈だし、その上にこれだけの品物を一体どうやったら運べるのだろう。

私なんか十キロ程度のバックパック一ケ背負って、それでも長い移動が続いたときにはヨレヨレになってしまうのに。数日間の移動が続くと着替えも洗濯もできず、シャワーも浴びられず、身体中汗と埃にまみれてゆっくり横になることもできず、それだけでぐったり疲れてしまう。

彼等は朝早くから夜遅くまで、そこにいるだけで気分が悪くなりそうな人込みの真ん中に座って商売していた。

朝は全ての商品を広げ、夜には片付けて自分のテントまで運び、それから市場で値切りつつ野菜を買って不便な水事情の中で料理をし、それを毎日繰り返し、一日の仕事が終わったからといってゆっくり風呂にはいれるわけでもない。気分転換にテレビを見たり音楽を聞いてくつろいだりできるわけでもないし、フカフカの布団で寝るわけでもない。

こんなことはとてもできない。私だったら荷物担いでこの場所に辿り着いた時点で寝込んでしまうだろう。この人達の生きるエネルギーは一体どこからやってくるのか。まさにこれぞ行商、商売の原点と言う感じ。全く信じられない逞しさである。

私の宿からお寺までは歩いて十五分位の距離だが、途中の道はとにかく土埃がひどかった。お寺の前でマスクを売っていたので、私はそれを一つ買った。

道の上には所狭しと露天商が商品を広げていたが、商人はそんな大掛かりな店を持った人ばかりではない。手にピラッとマスク十枚程持ってそれだけで勝負している人もいて、全く彼等の生命力の強さ、その逞しさには圧倒されてしまう。マスクに限らず、道行く人に片っ端から声を掛ける絵はがき売りや菩提樹《ぼだいじゅ》の葉っぱ売りなんかもいる。

私はお寺への道を歩く時はいつもこのマスクをかけたが、これが一日で鼻の穴のあたりだけ真っ黒になるほど土埃はひどかった。それでここを歩く時はなるべく埃を避けるため、マスクを掛け帽子を被ってできるだけ足早に歩いていた。

しかし何と、この埃の真っ只中で商売している人もいた。体重計一個を置いた体重計り屋さんで、彼は、ここで商売してますよ、体重計ってはいかが、と言う代わりにチリンチリンと鈴を鳴らして一日そこに座っていた。

私はこの道を一日三往復位していたが、通る度、彼は無表情に座って手だけ動かしてチリンチリンと鈴を鳴らしている。通る度に、あ、又居る、と思いつつ、お客さんがいるのは一度も見たことはない。勿論ほんの何秒かで終わる商売だから、そうそう丁度客が居るところに遭遇《そうぐう》するわけではないだろうが、あれで一体どれくらいの稼ぎになるのだろう。一日中埃にまみれているのに見合う収入があるとは思えないのだが、随分根気のある人だなぁ。何て逞しいんだろう。

一度体重を計ってみようかな、とは思ったが、この埃の中にほんの少しでも長くいるのは嫌だったので、結局彼のお店には一度も寄らなかった。


物乞いも沢山集まってきた。

しかし初めはお金をもらうためにそこに座っている人は全て物乞いだと思っていたが、しばらく居て、彼等には三種類の人間がいるということが分かってきた。巡礼、身体障害者、ただの物乞いである。そしてお金を貰うという同じ行為をしていても、この三者は明らかに違っていた。ただの物乞いの中でも、乞食は汚かった。乞食というのは乞食根性の人のことである。

彼等は何十人か固まって座っていたが、なぜだかその固まりは遠くから見てもすぐに乞食だと分かる。近付いただけでこっちのエネルギーを吸い取られてしまいそうな、淀んで薄汚れた、どよ～んとした雰囲気に包まれていたのだ。まるで彼等の上にだけ重苦しい暗雲がたちこめているようだった。

見たところ特に身体が悪いというわけでもなさそうなのに、どうしてこの人達は何もしようとしないのだろう。だから乞食なんだろうけど、彼等は自分が何も与えようとしないで人から与えられることだけを期待しているのだ。どこからこれだけ沢山の乞食が集まってきたのか分からないが、少なくとも彼等には、祭りがあっているブッダガヤに来るだけの行動力はあったはずなのに、この余りのやる気の無さ。とりあえず死なないから生きているだけ、という感じ。当然と言えば当然だが、輝いた目をしている乞食というのはいない。

今の日本では物乞いというものにお目にかかることはないが、昔はルンペンと言われる人がいた。彼等は空き缶を置いて道端に正座して座り、右や左の旦那さまー、どうぞ私にお恵みをー、と言って、通行人が空き缶にチャリーンと小銭を入れると、お有難うござーい、と頭を下げる、というイメージがある。実際はどうだったかは覚えていないが、マンガなんかに出てくるルンペンはそういうものだった。

しかしこっちに来て私は物乞いに何度かお金を上げたことがあるが、物乞いの中でも乞食というのは、こちらがいくら上げても、ちっ、これだけか、という顔をするものだ。間違ってもお礼を言ったり嬉しそうな顔をしたりしない。

自分に与えてくれた人にさえ不満の顔を向けて不愉快にさせる。これが乞食というものなのだ。一体此の世に、与えられたものに感謝できない、ということ以上の不幸があるだろうか。何て気の毒な人達なんだろう。

インド人にこの物乞いはどこからくるのかと訊いても分からないという。それはそうだろう。彼等だって一々物乞いの身許調査をしているわけじゃないんだから。しかし彼等がどうして物乞いをしているのかと訊いても、やはり分からないという。

インドにはカースト制という私達にはピンとこない制度があって、同じホテルの従業員でも床掃除と御用聞きではカーストが違うらしいから、じゃあカーストというのは職業のことで、職業というのは世襲《せしゅう》制かというと、必ずしもそうというわけでもないようだ。

だから彼等は仕事に就くことのできない、物乞いしかできないカーストの人かと思っていたのだが、やはりそれも違うらしい。

何度聞いてもどういうことなのか今一つ理解できないのだが、カーストというのは血筋ということなのだろうか。

私の目には同じように見えるボロを着た物乞いでも、その中にも色々なカーストの区別があるのだろうか。インド人は物乞いにひどく冷たい目を向けるかと思えば、割とこまめに小銭を与えているのも見かける。どうも今一つ分からない。

しかし、物乞いしかできないカーストというのが存在しないのだったら、彼等はどうして物乞いをしているのだろう？

心の持ち方ひとつ、考え方ひとつで、もしかしたら未来は大きく開けるかもしれないのに。

広場には巡礼も沢山集まってきた。殆どがお坊さんだった。

ブッダガヤの中心には、お釈迦様がこの下で悟りを開いたという何代目かの菩提樹の木があり、そのすぐ前には大塔が建っている。その周りは公園のようになっていて、その公園を囲んでぐるりと通路があり、この祭りに訪れたチベット人達は通路を何度もぐるぐる回って御参りしていた。

巡礼たちはその通路に座ってお経を上げていた。

一心不乱にお経を読む人、楽器を鳴らしながらリズムを付けて読む人、色々で、彼等は要求もしなければ、お金を置いてもらっても何かの反応をするわけでもない。

中にはまだ十才にも満たない小坊主さんたちも何人か座っていて、誰かに連れて来てもらって、ここでお経を上げなさい、と言われて座っているのだろう。夜になると小さいお坊さんたちはコックリコックリ居眠りしたり大欠伸《あくび》をしたりして、それでもちゃんと座って一生懸命お経を読もうとしている姿が、何ともけなげで可愛らしい。

こういうのを托鉢《たくはつ》というのかどうかは知らないが、十分なお金がなくても托鉢をしてでも、ここに来たかったんだろう、この人達は。この心には素直に感動し、素直に助けてあげたいと思うのだろう、チベットの人達はこまめに小銭を上げていた。

彼等はきれいな袈裟《けさ》を着ているわけではなかったけど、美しく感じた。彼等はお金を貰うのが目的でそこに座っていたけど、そこに座っているという行為そのものが、「私を生かせてください」という祈りだったのだ。彼等は謙虚《けんきょ》で、だからとても清らかに見えた。

こういう人を見て軽蔑《けいべつ》の眼差しを向ける人は、一人もいない。

身体の不自由な人達も集まって来た。

インドでは障害者だからといって国が何かの援助をしてくれるわけではないようだ。民間のボランティア団体は数多くあると聞いたが、全員がその恩恵に与かれるということもないので、彼等は自分の身体を見せ物にすることによって自分で稼ぐしかないのだろう。

お寺の外の露天商が沢山並んでいる広場には一人の売れっ子がいた。

彼は片足が不自由だった。片足が不自由なだけでは大して珍しくはないのだが、彼の場合、その片足が変な具合に曲がって、肩を担ぐような奇妙な形にねじれて固まっていた。

そんな身体で動き回るのは大変な苦労のはずなのに、ここは一大チャンス、稼ぎ時である。彼はいつ行っても地面に腹這いになって片手に器を持ち、伸びた方の脚で地面を蹴って所狭しとずるずると這いまわっていた。自分の身体の悲惨さを最大限にアピールして、ここぞとばかりパフォーマンスしていたのだ。

福祉の発達していないインドでは、障害の重さは生きていくための武器である。重ければ重い程良い。本当かどうかは知らないが、貧しい家庭に子供が生まれると、わざと手足を切って障害者にするという話を聞いたことがある。そしてそれは、子供の将来を考えた親の究極の選択なのだろう。もしもそれが本当なのだとしたら、何と悲惨な国なんだろう、インドというところは。

それで言うなら、この脚のひん曲がった子は第一級であった。ただ片足が無いだけなら誰も見向きもしないが、この奇妙にねじ曲がった脚でずるずると蛇のように地面を這いつくばる姿を目にすると、人々は一様に同情の色を浮かべ、彼の持っている器に小銭を入れるのだった。

私は彼の器が小銭で山盛りになってこぼれそうになっているのを何回か目撃したことがある。彼の稼ぎは其処らで数珠や絵はがきを売ったりしている人達より遥かに多いに違いない。障害は不便に違いないけど、そのおかげでまともに働いている障害のない人より稼ぎがいいというのも、考えてみれば変な話だ。唯でさえ仕事を手に入れるのが大変なインドで、彼はその障害のおかげで一生を約束されているようなものだから。

彼は自分の身体に感謝しているだろうか、それとも呪っているだろうか、訊いてみたい気がした。

いや、呪っているはずはない。彼は祭りの間中、地面を這いずり続けた。座っていたわけではない。彼は自分が一番哀れに見える状態を良く知っていて、それをずっとアピールし続けたのだ。何という力強さなんだろう。

彼の目は強い光を放っていて、それは、何が何でも生き延びてやる！　と叫んでいるようだった。この余りの逞しさには、ただ目を見張るばかりである。

ハンセン病の人達も多く集まって来た。

インドではよく見かける病気で、たいていはペアになっていて、一人が小さいリヤカーのような手押し車に乗り、もう一人が押して歩いている。男同士のこともあったが、男女のペアが多く、多分夫婦なのだろう。

彼等は歌を歌ったりしてパフォーマンスしているが、その声の力強さ、全身から発している迫力には全く圧倒されてしまう。全然惨《みじ》めさを感じさせないのだ。

インドでは福祉というものが有るのか無いのか、とにかく彼等は自分の身体がどういう状態であれ、自分の食べる分は自分で稼がなければならない。人の情けにすがることだけが、彼等の唯一の生きる道なのだろう。

インドにはバクシーシというインド独特の言葉があって、それは布施、施し、心付け、という意味のようだ。

彼等はバクシーシと実に堂々と要求する。布施の功徳を説くインドでは、持っていない人が持っている人に要求するのは当然と考える人は多いようだ。そして人の施しによってしか生きていけない人が、自分から施しを求めるのは当然の権利なのだ。だからたとえ身体が悪くなくても、精神的に弱くて働けないような人でも堂々と生きていていい。インドでは大声で助けを求めても良いのだ。そしてこれは最も直接的な、そして人間的な福祉の形なのだと思う。

現代の日本にはホームレスはいても物乞いはいない。それは別に豊かだからではなく、物乞いなど生きていけないからだと思う。日本には、そういう人達を生かせてあげようという懐《ふところ》の深さがないのだ。

病気の人や障害者は、物乞いをしていても乞食とは違う。だから人々は彼等を生かせてあげようとして、割とこまめにバクシーシしているようである。

病気の身で何の援助も受けられないなんて、私なら悲観して自殺でもしようかというような悲惨な状況に違いないのに、彼等はそれを嘆いているような様子はない。いや、嘆いている暇などないのだ。嘆くエネルギーがあったら、それを生きていく方に振り向けることだ。一〇〇パーセントの力を振り向けることだ。そうしないと、とても生きてなんかいけないだろう。

道を歩いていて彼等に出会うと、バッと両手を広げ、目を見開き、

「妹よ！　お恵みを！　バクシーシ！」

と、正に全存在で迫ってくる。全存在を賭けて生きようとしているのだ。

それはまるで海で遭難した人が通り掛かった船に向かって、

「ここだ！　ここに私が生きているぞ！　助けてくれ！」

と全身の力を振り絞って叫んでいるような必死の迫力なのだ。

「生かしてくれ！　私にも生きる権利があるんだ！」

彼等は全存在を賭けてそう訴えているのだ。この気迫には、深窓のお姫様の私なんかは、ただタジタジするばかりである。

彼等は私には考えも及ばないような過酷な人生を生きているのだろう。日本では仕事を失っただけでも自殺する人がいるのに、彼等には仕事はおろか家もない、健康な身体もないのだ。もしも失業した人が一々自殺していたら、インドの人口は半分くらいに減るに違いない。

彼等は全生命を賭けて生きていた。そうでないと生きていけないのだ。彼等は生きていくことだけを考えているのだ。

彼等に比べれば私にとっては、生きる、ということは簡単なことである。本気で生きていなくても、取り敢えずは生きられる。今まで命の危険に晒《さら》される、という経験を私はしたことがない。平和の国で、今日の食べ物の心配をするということもなく、暑さ寒さから守ってくれる家の中でぬくぬくと育ってきた。全てが整えられた、あらゆる恵みの中で育ってきたのだ。

だけど、全てが当り前にあるというのは何と不幸なことだろう。毎日何の心配もなく食べられるというのは何と不幸なことだろう。当り前に自分の部屋に帰って、当り前にシャワーを浴びて、当り前に暖かい布団の中で寝る、ということは何と不幸なことだろう。もはやそこには感動も感謝もない。この時私達は、与えられたものに感謝できない乞食と同じレベルに落ちているのだ。

全生命を振り絞らなくても生きていけるというのは、何と不幸なことなのだろうか。生きている充実感、というのは全生命で存在しているという感じである。

彼等はいつも全生命でそこに存在しているから、彼等は毎日充実した瞬間を送っているのではなかろうか。彼等の生は際《きわ》どいところにあるから、人生のあらゆる瞬間は輝いているのではないだろうか。彼等はどんなに貧しいものを食べていても、感謝と共に食べているから、私達の食べているどんな御馳走よりおいしいものを食べているんじゃないだろうか。

全力を出し切っていなくても取り敢えずは生きられるから、私には生きているという実感がない。自分の存在が何だかあやふやなのだ。生きている実感というのは死の前提の中でしか感じられないのだろうか。全力で生きなくても生きられる保証された社会では、人間は生きる力を失ってしまうのかも知れない。

もしかしたら生命力というものを引き出すためには、そこに何らかのマイナスの要因が必要なのだろうか。全てが整えられた社会で何の心配もなく食べている私達は「生きている」ことそのものに対する喜びを失ってしまい、人生を虚《むな》しいと感じる人さえいる。自殺者が多いのはむしろ福祉の発達した国の方なのだ。日本では死というものを不幸という言葉で表現する割には、生きていることを無条件に幸せと感じている人は少ないように見える。

インドには輪廻《りんね》の思想があって、人々はよくカルマという言葉を口にする。もし今生《こんじょう》で自分が幸せならそれは前世の良い行いの結果だし、もし不幸なら、やはり前世の悪行の報《むく》いだと考える。

そのせいなのか、どんなに辛そうな状況にある人でも自分の不幸を嘆いているような様子はなく、ただ彼等は受け入れている。その様に見える。諦めているのとは違う。彼等はそれを肯定《こうてい》している。そのように見えるのだ。

どんなマイナスに見える逆境も困難も、それを受け入れて肯定したとき初めてプラスに転換することができる。不安こそが希望に成り、絶望こそが力に成る。そして多分、死だけが生に成り得るのだ。

ある夜、宿に帰ると、私の宿の前の空き地でハンセン病の人たちが何組か輪になって食事を作っていた。彼等の夕食なのだ。私は彼等の食事風景を見つめ、彼等も又私を見つめて、私は自分の部屋に入っていった。

私はインドではお金持ちで贅沢なツーリストだから、もちろん個室を持っていた。私の宿は一儲けしようとこのイベントのために新しく二階を建て増ししたというぴかぴかの新築で、その割にインド人のことだから間に合ってなくて、まだ壁が湿っていたのだった。

季節は一月。一番寒い時期で、だから部屋の中は寒くてとても長居はできず、一晩過ごすと朝には寝袋は湿気でぐっしょり濡れていた。だから私はいつもこの部屋に文句を言っていた。贅沢ということはひ弱ということである。こんなのいやっていう、受け入れられないものが山程あるのだ。

この人たちから見れば、私は多分本物の深窓のお姫様だったに違いない。彼等が一生足を踏み入れることもないような美しい部屋。ふわふわの暖かい布団。使い放題のシャワー。にもかかわらず深窓のお姫様は、湿っぽくていや、と文句を言っているのだ。

決して重なることはない私達の余りに違い過ぎる人生。絶対に彼等のような境遇になりたいとは思わないけれど、彼等の強さには惹かれるものがあった。この本気で生きていない感じ、半分眠ったまま生きているような感じが、私には居心地悪い。何かが違うのだ。

私は全力で生きていなくても生きていけるだけの余裕があったから、何のために生きているんだろう、などとどうでもいいことを悩むことがあったけど、彼等にとっては、生きることに理屈もへったくれも要らないに違いない。生きる。それだけに違いない。


ある時、飛行機の中で隣り合わせの席になった、仕事で世界中の秘境にあちこち行っているという人がこういうことを言っていた。

「今の日本人は、人間は食べなかったら死ぬということを知らないんじゃないか」

ところでインドでは食事のとき、普通金属の食器を使う。高級レストランではどうか知らないが、町の定食屋に行くと、あちこち五個所くらい凹《くぼ》みのついたお盆くらいの大きさの金属の食器に、それぞれの凹みに違うおかずが入って定食が出てくる。あまりに即物的で、味もそっけも無いのだ。

食器というものは食べ物を乗せるという用を足せばそれで良いのだろう。第一、がさつなインド人には乱暴に扱っても割れない金属の方が都合が良いに違いない。たまに瀬戸物のカップを使っているお茶屋もあるが、欠けていないカップは見たことがない。

しかも盛り付け方はあっちからもこっちからもはみ出していて汚らしい。日本の芸術品のような繊細で美しい器に、これ又芸術品のように盛り付けられた料理とは雲泥の差だ。

そこには料理を見て楽しむという心のゆとりは感じられず、まさに、食べる、それしかないようだ。食べられればいい！　という気持ちが形になったように見える。

しかし、生きる、ということは、食べる、ということである。キリストは「人はパンのみにて生くる者に非《あら》ず」と言われたらしいが、それは逆に言えば、パンだけは絶対に要るということだ。

インドの人は少し仲良くなるとすぐ食事に招待してくれる。それで厚かましく家にお邪魔すると奥さんか娘さんかが食事を持って来てくれて、後はほったらかされて一人でぼそぼそと食べたり、あるいは家族全員集まって来てのこのこやって来た外人の食べるのをもの珍しそうにじーっと見ているかで、実にやりにくい。

私達は普通どこかの家に食事に招待されれば、家族全員で話をしながら和気あいあいと食べる、ということを想像するものだが、インドではそういうことはないようだ。

私達が誰かにごはん食べにおいでと言う時には、話をしましょう、という意味で、食事はあくまでその雰囲気を盛りたてるための演出のようなものだ。しかしインドでは、食事に来い、と言われれば文字通り食事を与えられ、そしてそれが全てである。

どうもインドでは食事に招待する、ということには、施しという意味があるようなのだ。

一度お茶屋のおっちゃんラビーの娘の誕生パーティーに招待されたことがある。ラビーは元気のいい男で、朝九時から夕方五時まではどこかの旅行代理店で働き、会社に行く前の五時間と仕事が終わってからの五時間はお茶屋をやっている働き者である。つまりそれだけ働かないとやっていけないということだろうから、生活に余裕があるとは思えない。

ところがチョコレートを持ってお祝いに行き、台所を覗いて見たら驚いた。その日はコックさんを雇って、四、五人の人が大鍋ですごい量の料理を作っていたのだ。

近所の人が入れ代わり立ち代わり来るんだろう、ラビーは百人分の食事を用意した、と言って誇らしげに胸を張って、あっはっはあと笑った。

インド人はそういう形のお布施、ボランティアというのをよくやっているようで、「昨日は貧しい人達を沢山招いて食事を振る舞ったんだよ」というような話をよく聞く。

又、インドでは結婚披露宴などのお祝いの席では、誰でも勝手に参加して食事してもいいと聞いたような気がする。実際、レストランに入ったら注文していないケーキが客全員に配られ、子供を抱いた店のオーナーが、「今日はこの子の誕生日なんだ。だから皆にも御裾分けだよ」と、満面の笑みを浮かべて言ったりする。これも又、布施の精神なのだろう。

多分インド人達はちゃんと知っているのだ。食べ物というものは、「命を養う命」だということを。

インドでは普通スプーンなどは使わず手で食べる。食べ物を直接むんずと手で掴み、実際やってみると、これこそまさに食べるという行為なのだ、という感じ。その上、定食屋でも友達の家でも、お皿のものが空になったら何度でも景気良くバンバンお代わりを持ってきてくれて、全く他に表現の仕様がないくらい、食べる、それだけしかない感じなのだ。

そしてお代わりをバンバン持って来るのに合わせるように、食べる方もバンバン食べる。インド人は食べるのが早い。満腹になったという信号が来る前に、大急ぎで詰め込めるだけ詰め込もうとしているような感じだ。

皿の美しさだの食べ方の作法だの、そんなものは一切関係ない。要は腹が一杯になるかどうかだけなのだ。食べるということはまさに命を取り込むことであり、生きるということなのだ。

私達にとって、食べる、ということはただの娯楽のようなものだ。気分によってアクセサリーを取り替えるように、その日の気分で食べたいものを食べる。食べるということは生きるための手段ではなく、ただ単に、映画を観たりドライブをしたりするのと同じレベルの、味覚の満足を追い求めるだけの行為なのだ。

お金を出せば食べ物は何処からか魔法のように出現するものだし、レストランで有り余るほど注文して山ほど食べ残しても何とも思わない。あー、おいしかった、と舌が満足すればそれで良いのだ。

生きるために食べている人なんか、今の日本にどれくらい居るんだろう。

ある町で海岸に座って夕陽を見ていたら、一人のおっちゃんが近付いてきて、お茶を奢ってくれ、と言った。彼は物乞いだった。ボロボロの汚れた服を着ていて片足がなかった。彼はその辺で拾ったような棒切れをくくり付けて、何とか工夫して歩いていた。

私は、気の毒だなぁ、と思ったのでお茶を御馳走した。足がないだけでも不便に違いないのに、彼には家も仕事も無さそうだ。この人の人生は辛いだろうなぁ、と私は彼に同情した。

しかしお茶を奢って上げると彼はおいしそうににこにこして飲み、沈んでいく太陽ににこにこして手を合わせるのだった。そして私にも、嬉しそうににこにこして合掌して去って行ったのだ。

何ということだ。不幸であるはずの人が幸せそうに笑っている。

彼は自分の運命を悲しんでもいいはずだし社会を恨んでもいいはずだ。なのに幸せそうに笑っている。こんな人がいるなんて。

それはまさに奇跡を見る思いだった。人間の笑顔こそが、此の世の最大の奇跡なのだ。

彼は身の上は物乞いかもしれないが、彼は物乞いではなかった。彼はお茶に感謝し、太陽に感謝し、私に感謝し、与えてくれたのだ。人間は何を持っていなくても、笑顔を与えることはできる。

私は彼を気の毒だと思ったが、彼は気の毒な人ではなかった。彼は一杯のお茶を喜び、そして多分、生かされていることを喜んでいたのだ。

大きな家があったら幸せ。いい仕事に就けたら幸せ。素敵な恋人がいたら幸せ。あれがあったら、これがあったら。ああなったら、こうなったら。だけどそんなものは何も関係ない。幸福も不幸も心の中にある。与えられたものを感謝して受け入れたとき、不幸はそのままで幸福に変わる。もしかしたら、あらゆる不幸はただ感謝の不足という、その一点からやって来るのではないか。

人間はこんなに何も持っていなくても幸せでいることができるのだ。

彼の合掌した姿は、神々しい光を放っているように輝いて見えた。

お釈迦様は、人生とは何ぞや、というようなことを一生懸命考えてついに大悟《だいご》された。たまたまお釈迦様がここで悟りを開かれたというだけでブッダガヤは聖地になり、そのお陰でこの土地は今も巡礼で賑わい栄えている。二千年以上たった今でも巡礼を集め、この土地の人達の生活にこれだけの恩恵を与えているお釈迦様って凄い人だったんだろうなぁ。

宿の屋上から沈んでいく夕陽を見つめていると、まるでその夕陽がお釈迦様そのもののように見えてくる。

余りにいろんな人がいる。だけど、そういうあらゆる人間の喜怒哀楽を呑み込んでまた陽は沈み、新しい明日を生み出そうとしている。この太陽の光は、どんな人の上にも優しく力強く注がれているのだ。

ブッダガヤの夕陽は、美しく全てを包み込んでいるかのようだった。

誰も皆、沢山の悲しみや苦しみを抱えていて、それでもそれを乗り越えて生きようとしている。人間とは、何と尊いものだろうか。

# 平和の祈りの中の戦争

ダライラマ法王はじめ、チベットの偉いお坊さん達が説法するというカーラチャクラが始まり、もう人で溢れかえったブッダガヤには活気が漲《みなぎ》っていた。さぁ、祭りの始まりだ。

そのメインイベントが始まった日の朝、会場に行ってみた。

カーラチャクラというのが正確には何なのか、実を言うとよく分からない。しかしあちこちに、pray for the world peace という垂れ幕がかかっていたから、世界平和を祈るための祭りということだろう。

二十万人以上もの人がこの祭りにやって来るそうである。

主にチベット人だが、そのためインドやネパールにある各チベット村は、祭りの間もぬけのからになると聞いたことがある。ダライラマ法王は難民として暮らすチベット人にとって心の支えなのだ。

チベット人達は国を追われ、インドやネパールにチベット人村を作って暮らしている。

ネパールで出会った十五才位のチベット人の少年に、生まれはどこ、と訊くと、ここだよ、という答えが返ってきて今更ながら驚いた。彼等の難民生活はもうそんなに長いのだ。

私には自分の国があるから、国を持っていない人達の気持ちは分からない。

十一年前、南インドにあるチベット村を訪ねたとき、そこはやや高地になっていたのだが、ひどく暑くて、寒い土地で生きていた人達がこんな所に住むのはさぞかし辛いだろう、と思ったことがあった。

チベットの人は優しくて、お寺への道を訊くと自転車に乗せてわざわざ連れて行ってくれた。そしてお茶をおごってくれたお爺さん二人は、私にこう言ったのだ。

「私達のことを伝えて下さい」

と。


その年、私はカーラチャクラに参加していた。

祭りといっても日本人が北海道の雪祭りや徳島の阿波踊り見物に行くのとは次元が違う。

彼等は、普段はネパールやインドのあちこちに難民村を作ってバラバラに暮らしているのだ。だからカーラチャクラというのは、普段離れ離れに暮らしているチベット人が一同に会する集会のようなものだと思う。

活仏と仰ぐダライラマ法王の元に集い、普段は分断されて散り散りに暮らしている彼等が束の間の連帯を深める機会。自分たちの文化、宗教を確かめ合い、自分たちの存在を確かめ合い、幻のような絆《きずな》を断ち切らないように、チベットの心を忘れないように、それは数年に一度の彼等の証、祈りなのだ。

私は運良くその祭りに居合わせたのだが、祭りが何日から始まるのか情報は入り乱れていてはっきり分からず、またダライラマ法王がいつ到着するのかもやはり正確に分からなかった。

今日は法王がついに来られるらしい、ということが分かった当日、道は法王を迎えるチベット人達で埋め尽くされ、私もその中の一人となった。それでも何時になるかはやはり誰にも分からず、後一時間で来るとか午後になるらしいとか色々な情報が飛び交っていた。私もチベット人達も一日中そこで待ち続けた。

夜になってやっとダライラマ法王が車に乗って到着したとき、道を埋め尽くしていたチベット人達は皆、カタという白い布を手に持ち、線香をたき、無言で車を迎えた。そして通り過ぎる法王の車に向かって、ただ静かに頭を下げたのだった。それを見たとき、私は彼等が法王をどれ程信頼しているか、敬っているか、分かった気がしたのだ。

わわ、見えた見えた、などとはしゃいでいるのは私くらいのもので、彼等は歓声をあげるわけでもない。手を振るわけでもない。ただ黙って、深々と頭を下げたのだった。国を持たない彼等にとっては、ダライラマ法王だけが心の拠所《よりどころ》なのだろう。多分この人は彼等にとっての国そのものなのだ。もしもダライラマその人を失ったら、それはチベットの消滅を意味するのではないかという気がした。

二週間の祭りの間、私は毎日会場に通った。祭りは熱気に包まれていた。

私はチベット人達の、その独特の民族衣装に目を奪われた。住んでいる地方によって衣装はまるで違っていて、それはまるで見知らぬ星からやってきた人達のファッションショーでも見ているようだった。派手な刺繍《ししゅう》のマントの一団。タコの足がくっついたような帽子を被《かぶ》っている一団。頭にターバンのような髪飾りを巻いている一団。長いガウンのようなものを着て刀をさした、侍のような一団もいた。

それは数年に一度だけのチベット人の夢の集い。十万人の人々で埋め尽くされた会場は熱気の渦の中にあった。

同胞と共にすごす一時のかけがえのなさ。法王と共に祈ることの喜び。この会場に集う二週間だけは、ここが法王と心をひとつにして生きるチベットという幻の国なのだ。

ある日、そこに集まった人たち全員にススキのようなものが配られたことがある。そしてダライラマ法王は、

「今夜はこれを枕の下に敷いて寝なさい。私が夢に出てくるから」

と、言った。

その頃はまだチベットについて余りよく知らなかった私はぶっ飛んでしまった。

祭りというのは精々縁日に出かけて金魚すくいをするとか、あるいは神輿《みこし》を担ぐのを眺めるという程度のイメージしか私にはない。

以前、バリ島の百年に一度の祭りというものに行ったことがあって、その時の祭りは、地球の地軸《ちじく》のずれを正すためのものだと聞いた。その時もこの島の人達は本気でこんなことを考えているのかと驚いたものだ。しかしバリの人達は、お寺に集って真剣に祈っていた。

だけどチベットという国も相当なものだ。

法王が夢に出てくる？　怪しげな宗教団体の教祖様が言うのなら分かるが、一国の指導者たる者がこんな世迷い事を言うなんて、チベットという国は一体どういう国なのだ。もしもこんなこ

とを日本の総理大臣が言ったとしたら、国民は皆、彼は気が狂ったと思うに違いない。

現代の日本人にとって一番大切なのはお金である。だから日本で必要とされるのは景気を回復してお金をもたらしてくれる指導者であって、国民を幸せに導いてくれる人ではない。

しかしチベットはお金ではなく仏教によって国を治《おさ》めている。そしてチベット人は、その教えを聞くためにここにこうして集まって来ているのだ。

彼等の祈り、それは平和だった。

その集まった十万人のチベット人がダライラマ法王と一緒に祈る声を聞いたとき、私はまるで身体中の血が逆流するような衝撃を受けた。

それは、地を揺るがすようなうねりだった。

今まで見ていた世界が瞬時に形を変えてしまうような振動だった。

そのとき私は、自分の中の細胞が全て入れ替わってしまったような激しい感覚を覚えたのだ。

しかも彼等は国を持たない難民なのだ。その彼等が、世界平和のために祈るなんて。

まず自分のことを祈って自分の生活を整え、衣食足りて余裕ができて初めて世界平和でも願おうというのが人間というものではないのか。国さえ持たない彼等が世界平和を祈るなんて、どうしてそんなことができるのだ。どうしてこういう人達がこの地球上に存在しているのだ。

もしもチベットという国がこういう人達だけで作られていたのだとしたら、チベット人が難民としてでも世界中に散らばったのは、世界にとっては良いことに違いない。こんなに良い教えは鎖国《さこく》なんかして隠さずに、世界に広めるべきなのだ。

チベット人が祈っている。

二週間の祭りの間、チベット人は毎日会場に集まって来て、そして祈った。会場は溢れんばかりの平和への願いで満たされていた。

私はこの時、地球上にこの人達がいる限り、地球は絶対に滅びないだろうと思ったのだ。

ここには遺跡公園があって、中には大きな仏塔が建っている。そして夜になると、何千何万人というチベット人達がここに集まって来て、皆、何時間も、オンマニペメフム、と唱えながらこの周りをぐるぐる回り、仏塔の周りの公園は五体投地をする人で埋め尽くされた。

ダライラマ法王は、またこう言った。

「このカーラチャクラには沢山の人間が集まって来ています。人間でないものも集まって来ています。皆で祈りましょう」

私はチベット人達と一緒になってこの周りを歩いているだけで、うっとりとした何とも言えない幸せな気持ちになった。これだけの数の人の唱えるお経によって、波動が高くなっているのだ。まるでこの場所そのものが、そのますーっと天国に引き上げられたような感じだった。

見えているけど、もはやそこには身体はなく、聞こえているけど意味をなす言語もなく、時間も空間も超越して、ただ至福の中で安らいでいる魂だけが存在している。

私の中にも、誰の中にも、この世界のどこにも、争いや、悲しみや、醜《みにく》いものは存在せず、ただ永遠の平安だけがある。そこはそういう場所になっていた。そこにある全てのものが祈りそのものになっていた。

祈る。

この世界の奥には、確かに目に見えない次元の世界がある。意識も言葉も、確かに力なのだ。日本人は指導者と共に世界平和を祈ったことなどあっただろうか？　私達は祈ることを忘れてから一体どれくらいたつのだろう？

少し離れたところからこの仏塔を見たとき、周りを歩いているチベット人達はまるで天国でダンスでもしているかのように見え、毎日チベット人から祈りによってパワーを込められた仏塔はぶるぶると震え、今にも爆発して空の彼方《かなた》に飛んで行きそうに見えた。

それは祈りの力の凄さを見せ付けられた二週間だった。

その時一緒にいたお坊さんの米田君は、

「これだけのチベット人にお経を上げてもらって、この土地もこれで随分浄化されたやろ」

と言った。

今回のカーラチャクラも大規模なもので、集まって来た人達全員を収容するために会場はかなり大きい。入場料は無料で、入り口は、お坊さん用、外国人用、チベット人用などに分かれていて、物騒なものを持っていないか荷物検査などをしている。ダライラマ法王を狙った刺客《しかく》がお坊さんに変装して紛れている、などと穏《おだ》やかでない噂も耳にした。

中に入ると舞台を囲んでコの字型にそこに参加する人達のための席が設《もう》けられ、上には巨大なテントで日除けが張ってあった。舞台の正面はお坊さん達のスペース、私達外人用のスペースは舞台の右側に用意してあった。

上には日除けが張ってあるが、下は土の地面のままなので、先に来た人達は自分用の座布団を置いていた。

座布団は米とか豆とかを運ぶ時に使うようなビニールで編んだ大きな袋でできていて、その空袋の中に藁《わら》を詰めて入り口を止めてあるだけの簡単なものだ。会場の入り口付近で、地元の子供たちが生活費の足しにしようと一個五ルピー位で売っていた。

外人用のコーナーにはもう隙間もないくらいにこの座布団が敷き詰めてあり、座布団はどれも同じようなものなので、どれが自分のものか分かるように名前が書いてあった。

私がそこへ行った時、外人席には座布団が置いてあるだけで人はほとんどおらず、私は座布団はなくてもいいやと思ったので、その辺に座ってチベットのお坊さんたちのお経を聞いていた。

私はお経が大好きである。

もっとも私は節操のない、良く言えば大らかな日本人なので、お経に限らず祝詞《のりと》でも讃美歌でも神様を讃《たた》える歌なら何でも好きだ。

日本では大勢であげるお経を聞く機会は滅多にないが、このカーラチャクラでは数万人ものお坊さんが一斉にあげるので、それは凄い迫力なのだ。

蓮華座《れんげざ》を組んで軽く目を閉じる。うねるようなお経の大音響の中に身を任せる。私はお経に包まれる。こちらの波長を同調させていく。するとそのうち私自身がお経になっていく。

はあ〜、良い気持ち。お経は私にとって最高のトランス音楽なのである。ちょっと危ない人かも知れない。

こんな大がかりなコンサートは滅多にないから、これは貴重な機会だ。

ムスリムの多い町なんかに行くと、一日に何回かアザーンというお経みたいなものをマイクで町中に流しているが、あれなんか、もう私には最高のサービスなんだけどな。

昼からは偉いお坊さんの講義が始まるということだったが、こちらのほうはパスした。ラジオを持っていれば英語の同時通訳が聞けるのだが、どうせラジオは持っていないし、聞いても大して理解できないだろう。

午後からはお寺の方で又お経を聞くことにした。こちらではここ数日間、チベット仏教の中のニンマ派という派のお坊さん達が、やはり何万人と集まって一日中お経をあげている。

お釈迦様が悟りを開いた菩提樹の木と、その前の大塔の周りの公園はびっしりとチベットのお坊さんのえんじ色の袈裟で埋めつくされていた。延々と五体投地を続ける若いお坊さんも多くいた。


夜、宿に帰って前の部屋の人と話していた。

「今日のカーラチャクラはもう行った？　午後は人で一杯だったよ」

「ううん。午前中だけ行った。午前は誰もいなかったよ」

「座布団敷いて場所取りしてあったでしょう」

「は？　座布団はあったけど」

「そうだよ。場所取ってるんだよ、みんな。人で一杯だから」

場所取り？　私はびっくりしてしまった。

確かに座布団には名前が書いてあったが、それは皆同じ座布団だから、座布団の所有者を明確にするために書いてあるだけだと思っていたのだ。まさか場所を取るためのものだとは思いもよらなかった。じゃあ、あれは、お花見のときに何時間も前から敷いてある、ここ取った、と示すシートのようなものだったのか。

我ながら何てドン臭いんだろう。場所を取る、なんてそんなこと思いも付かなかった。

次の日の朝、それでは私も場所を取らなくては、と会場の入口で座布団を買い、付きが悪くなったマジックで名前を書いた。

午前中はこんなに気持ちの良いお経が生で流れているのに、ツーリストは興味がないのか、やはり座布団だけ所狭しとあって人はポツンポツンと居るだけだ。それで比較的広い隙間のあるところを探して、私も一応自分の座る場所を確保した。

実に奇妙な光景だった。

ほとんど誰もいない場所に、名前を書いた座布団だけがびっしりと並んでいる。その書かれた名前が、ここには誰も来るなと権利を主張している。

場所を取る。これこそが私達先進国（先進国とは一体なんなんだろう。先に進んで資源を横取りし、地球を破壊してきた国という意味だろうか）の人間の考え方なのだ。

彼等は少しでも良い場所を取るために、多分、最初から座布団を用意して、昨日の朝早くから並んで、会場が開くと同時に来たのだろう。早い者勝ちの発想である。自分がより良い物を手に入れるためには、より良い場所を確保するためには、人を出し抜いて、人より早く行かなければならない。早い者が勝つのだ。

そして場所を取るということは、この場所を所有する、ということだ。自分のものにするということだ。

私達の社会には、一番に乗り込んで「ここボクの場所」と宣言して旗でも立てれば、それでそこはその人のものになるという、奇妙な暗黙のルールがあるのだ。旗さえ立てればそれで権利が生じ、もうそこには誰も無断で入ることはできない。

カーラチャクラは何日も続くので、一度場所を取っておけば祭りの間中そこはその人のものになるのだ。

座布団は、ここには誰も入るな、という所有のしるしだし、自分の権利の主張の現れなのだ。それは、人を出し抜いて自分だけが良い目を見ようとする心、自分だけが所有しようとする心、自分の権利を主張して他に与えまいとする心の現れである。

十一年前のカーラチャクラでは、まだ場所取りなんていう発想は誰にもなかった。今でもチベット人の席には誰も座布団なんか置いていない。

その日早く来た人が前から順に詰めていき、遅く来た人を隙間を作って入れて上げ、譲り合い、分かち合い、それでも入り切れなければ、遅れて来た人はテントの外に座れば良い。場所を取るという発想そのものが既に、共存共有という仏教の教え（多分）から隔《へだ》たっているのだ。ダライラマ法王は、皆で一緒に仲良く生きましょうと言ってるに決まってる。競争は対立を生み、対立は人を孤立させるのだから。

今日も午後からは講義が始まるらしく、昼休み頃からポツポツ外人席にも人が集まり出した。私の横にはもう少し隙間があったので、そこにもたまたま日本人女性が二人やって来た。

「ここの場所いいですか」

「さあ、いいんじゃないでしょうか。私もさっき来たんだけど」

「私達も場所取りしてるなんて知らなかったから。さっき教えてもらって座布団買ってきたんですよ」

彼女達は日本直輸入といった感じで、綺麗にお化粧してブランド物らしい綺麗な服を着ていた。日本ではごく普通だが、長くインドを旅した後、インドでこんなにキレイキレイした人に会うと奇妙な感じがする。きっと服が一杯詰まった大きなスーツケースを持ってきて、超一流の豪華ホテルに泊まってるんだろうなぁ。ヨレヨレのTシャツにゴムゾーリという私とはえらい違いだ。まるで別世界の人みたい。

彼女達はこのカーラチャクラのためにツアーを組んで、日本から直行で来たようだった。用意のいいことに、遠くの舞台に現れるダライラマ法王を見るために双眼鏡まで持ってきていた。

そう言われてみれば、他にもそういう感じの人達が沢山いる。今はダライラマ法王も世界的に有名になって、どう見ても法王の話を聞くためにわざわざツアーを組んで来たんだろうな、と思われる、自分の国の生活と考え方をそのまま持ち込んだような団体が沢山いた。

午後の部が始まると本当に会場は超満員になった。そして、

「ちょっと、ちょっと」

と、私達の後ろに来た人が怒った様子で声を掛けた。

振り向くとそこにいたのはどこかの国の尼僧《にそう》さんで、驚いたことに彼女は頭を丸め袈裟を着ていたのに、顔には厚化粧をしていたのだ。尼僧さんが化粧して悪いということはないが、何とも異様である。そして彼女は美しく化粧した顔を歪ませてこう言ったのだ。

「出て行け。ここは私達の場所よ」

これには彼女の厚化粧以上に驚いた。

出て行け。これは戦線布告の言葉ではないのか。彼女には私達と話をする意思など全く無いようだ。

さらに驚いたことには隣の日本人女性二人も、フン、聞くことないわよ、と言って、

「アイドンノーイングリッシュ、アイドンノーイングリッシュ」

と、全く相手にもしないことだった。

平和への第一歩は話し合いだろう。話し合いというより聞き合いである。相手の言い分を聞いて相手の立場になり、理解しよう、近寄り合おう、共に生きていこう、という姿勢のはずだ。そして自分の言いたいことだけ言い合うというのが戦争への第一歩なのだと思う。自分の主張だけを通そうとするのは、自分は正しい、お前は間違っている、と言っているのと同じことだから。

カーラチャクラは平和のための祈りの祭りのはずだ。その場所で、世界平和どころか、たった人間一人座るスペースをめぐって争いが起こっている。

世界平和を唱えて反対する人はいないだろう。しかし平和も戦争もまず心の中で作られる。争う心を持ったままいくら口先だけで世界平和と叫んでみたところで、それが実現するはずはないのだ。

まず心の中で平和が確立されて、はじめてそれは現象世界にも現われてくる。どうも私達は常に物事を正しいことと間違っていることに振り分けて、間違っている方を攻撃しないと気がすまないようだ。

だけど受け入れがたい人に出会った時には、相手を攻撃することを考えるより、相手と調和していく方法を考えた方がいい。相手のことを敵だと見なした瞬間から相手は敵になり、そこに戦いが始まるのだから。

「私達はね、この場所を取るために昨日の朝早くから並んだのよ。なのに何よ、アンタ達。ちょっとこっちにはみ出してるじゃないの。遅く来たのならテントの外に出ていけ」

と、すごい形相《ぎょうそう》でこの尼僧さんは言うのだった。

わぁ、恐い。何で頭丸めてるんだろう、この人。

長い間、目の鋭いインド人の中を旅していると、同じモンゴル系のチベット人の柔らかい顔というのはホッとさせるものがある。彼等の穏やかな立ち居振舞や心遣いには、日本人と同質のものを感じるのだ。

このカーラチャクラは全て寄付で賄われていて、寄付のためのコーナーもあり、それとは別に、そこここでお坊さんたちが独自の寄付を募《つの》っていた。

お坊さん達は人込みの中で話し掛けやすそうな人、寄付してくれそうな人を見つけ、目が合ってニコッと微笑みかけて、見込みがありそうだと思ったら初めて遠慮気味に、ドネーション、ドネーション、と寄付用の用紙を示して近付いてくるのだった。狙いを定めてこっちを見つめているることが分かっても、無視していると大抵は諦める。先に相手の気持ちを探る、その辺の柔らかさが心地好い。

しかし言葉は通じないし、衣装もチベット人独特のものである。同じ顔をしていても、この人達は私達とは全然違う。

チベットやインドのチベット村には行ったことはあるが、どうしてだか私は、初めて見る人達に出会ったような興奮を覚えていた。

安食堂で相席になったチベット人達と身振り手振りで話をする。初めて見る未知の人達。私達とは全然違う人生や考え方を持っているに違いない人達。だけど同じ地球上に生まれて、今、この時を共有している。

世界平和のために集ってきた、世界平和の祭りを生み出したチベットの人達。チベット人は、皆、深くて柔和な目をしている。それは、大きな苦しみを乗り越えてきた人だけが持つ強さ、深い悲しみをくぐってきた人だけが知る優しさ、そんな目をしている。

異国の地で出会った異国の人と話をする喜び。同じ祭りのために集まってきた同じ目的を持っている人と出会うことの喜び。

言葉は通じなくても、私達はこのカーラチャクラに集まって来た同士という連帯感で結ばれていた。

ブッダガヤは、祭りの興奮のただ中にあった。

私はあの尼僧さんの美しく化粧した醜《みにく》い顔をもう見たくなかったし、どちらにしろ今日座った場所は西日がまともに当って暑かったので、明日又別の場所に変わろうと思っていた。そしたら近所の宿に泊まっている日本人女性がこう言ってくれた。

「あら、それなら私達の場所に来たら？　私の宿、たまたま日本人が何人か泊まっていて五、六人で結構広く場所取ってるから、まだ一人か二人分余裕があるし」

彼女達は必要でない分の場所まで取っているのか。

一度自分の場所を確保したらそれを死守し、次には少しでも楽に座れるように領土の拡大を計るのだ。そのため場所にあぶれた人が困ったとしても、そんなことは知ったことではない。

しかしせっかくそう言ってくれたので、次の日は彼女達の日本人グループの仲間に入れてもらうことにした。

すると何と昨日の尼僧さんが又しても私の後ろにいたのだ。うわー、又あの厚化粧だ。

彼女も暑かったので場所を移ったのだろう。何だ、昨日は私に割り込むなと文句を言ったくせに、今日は自分が同じことしてるんじゃないの。反対の立場になった彼女は、何よ、いいじゃないの入れてくれても、と昨日の私の台詞《せりふ》を言ったに違いない。

人間って結局、その時の自分の都合でしかものを考えないのかな。何が正しいかなんて、立場や状況で簡単に翻《ひるがえ》る。侵略者にも又それなりの言い分があるのだ。

祭りの途中でモチ撒《ま》きがあった。もっとも投げるのはモチではなく、果物やお菓子だ。会場は広いので、投げる人は舞台からではなく人々の中に降りて来て同時に何ケ所かで投げる。

私は常々、普段はお行儀のいい日本人が、モチ撒きとなるとどうして人が変わったようにああも凄《すさ》まじい奪い合いになるのだろうと思っていたが、チベット人のモチ撒きはその上をいく迫力だった。

日本人は投げられたモチを取る、というところにまだ秩序《ちつじょ》があるが、チベット人の場合は投げている人のところまで押し寄せて行って、投げられる前に奪い取る。まさに略奪戦だ。これには驚いた。

とても近寄ることもできずに遠巻きにして見ていたが、物凄い顔で突っ込んでいった人達が、戦利品を持って外に出てくるときには皆、パッと嬉しそうな顔になっているのがおかしかった。

それで私も挑戦してみることにした。インドの超満員の二等の汽車に突っ込んで行くときの要領だ。人を押し退けて手を伸ばし、何が何でも奪い取るんだあっ、という気迫で、もう押しまくるのみである。

参加してみると、篭《かご》の中に勝手に手を突っ込んで品物を強奪《ごうだつ》しているわけではなく、皆口々に何か叫びながら、投げ係の人が自分の手に品物を掴ませてくれるのを待ってひたすら手を伸ばしているのだった。しかし踏ん張っていないと後ろに押し退けられてしまう。

こうして暫く人の中でもみくちゃにされた後、ついに、やったね！　パン一斤むんずと掴んで外に出た時は、私もひどく嬉しそうな顔をしていたに違いない。

やってみたら楽しかった。

次の日はダライラマ法王の説法があるようだった。今回のカーラチャクラは法王の体調が悪いので、法王本人は出てこないんじゃないかという噂が流れていたのだ。

隣に座っていた日本人が私に囁《ささや》いた。

「明日はいよいよダライラマが出てくるらしいですよ。でもまだこれは極秘の情報で、知らない人の方が多いんだ。だからあんまり言わない方がいいよ」

どうして？　ここに来ている人は全員ダライラマ法王が目当てではるばる遠い国からやって来ているのだ。皆に教えてあげたらいいではないか。

祭りの間、集まった人達が一番欲しがったのは祭りのスケジュールの情報だった。

何日の何時からどこで何があるか、正しい情報を手に入れるために何度も案内所に通ったり、仲間同士で絶えず情報交換をしたりしていた。スケジュールは急に変更になったりすることが多かったので、まめにチェックしていないと目当ての講義を聞き損ねたりする。

しかしツーリスト達は自分が最新の情報を手に入れてもそれを皆と分かち合おうとはせず、仲間内だけにこっそり教えて、場所取りと同じ感覚で他を出し抜こうとしているようだった。

会場では午前と午後に一回づつ、全員にお茶とパンが振る舞われた。

お茶の時間になると若いお坊さん達が一斉に立ち上がり、エンジ色の袈裟をはためかせて走り出す。それがお茶を取りに行くときの作法なのか、あるいはゲームのようなものなのか、最初は少しびっくりした。

日本を出てから人が走るという光景に出会《く》わしたことがないので、走っている人なんか見ると何か緊急事態かと思ってしまう。日本では電車やバスに飛び乗ろうと走っている人をよく見かけるけど、どうしてあんなに急いでいるんだろう。何かに遅れるということは、日本人にとっては緊急事態なんだろうなぁ。

さて、いよいよ次の日。

私はいつものように行き付けの屋台でプーリーサブジーという朝食を食べた。プーリーというのは油で揚げたパンのような物で、これにサブジーというおかずのカレーを付けて食べる。

屋台の主人は、これが俺の仕事だ、とプーリーに人生を賭けているような職人気質の人で、目の前で揚げてくれる熱々のプーリーは最高においしい。サブジーはお代わりし放題で、朝は地元のインド人でいつも賑わっている。

お手伝いのお兄さんはひどく気の利く人で、食べ終わる頃には必ず、お代わりは？　と訊いてくれるし、水やサブジーが無くなればいつもサッと持って来てくれた。注文してもなかなか持って来てくれないことがあるインドで、これは感動もののサービスだった。サービスというのは、要するに親切ということなんだなぁ。

私は毎日ここのベンチに座ってプーリーサブジーを食べ、埃っぽい朝の田舎の風景と、道行く人を眺めるのが好きだった。

ダライラマ法王の説法は午後一時からだが、朝食が終わるとこれといってすることもなかったので、三時間ほど早目に会場に出掛けることにした。

会場に近付くと、もうすごいチベット人の行列ができていた。法王の人気は凄い。さすがチベットの人達は早くから熱心だなぁ、と、鈍い私はその時まだコトに気付いていなかった。チベット人の列を擦り抜け外人用の入り口から中に入ると、何と三時間も前というのに、会場の中はもう人でぎっしりで、いつもは空いている日除けのテントの外まで人で埋め尽くされていた。

一体どこからこんなに沢山の人が集まって来たのか。外にはまだどこがしっぽか分からないほどの行列ができているのに、並んでいる人達全員が入るスペースはあるのだろうか。

私達日本人グループの席は割と中央あたりにあったので、いつもとまるっきり様子が変わった会場の中では、その場所を探し当てるだけで大変だった。人、人、人、てんこ盛りの人の山。遠くの方にやっと見なれた顔を見付けて、靴を脱ぎ、腰を屈《かが》め、爪先立って人と人の間のわずかな隙間を縫い、私は目指す場所までなんとか辿り着いた。しかし来てみると昨日はまだ少しあった隙間にも人が座り、私の座布団は既に誰かに乗っ取られていた。皆こんなに早く来ていたのか。

自分の場所には辿り着いたものの、私が入り込む隙間はない。又あのギッシリの人の中をぬって外まで戻るのも大変だし、「もう座る場所ないですね」と声を掛けてみたものの、なんと昨日は和気あいあいとしていたそこにいた十人ほどの日本人が、見事に全員無視したのだった。

何も言わなくても分かる。彼等は係わり合いになりたくないのだ。彼等の背中はこう言っていた。

「何だ。今頃のこのこやって来て、場所なんかあるはずないだろう。詰めてなんかやらないよ」

所詮、私達日本人同士の結束もこの程度のものなのだ。

しかし私は彼等を責めるつもりはない。もし私が彼等の立場だったら、多分同じ態度を取っただろうから。

私達の社会では、遅れて来た者の方が悪いのだ。だから悪い者を許してやる必要はないし、譲ってやる必要もない。遅れて来たくせに、その上迷惑を掛けて欲しくないのだ。

自分達は頑張って情報を入手し、頑張って場所を取り、頑張って早起きしてここに座っているのだ。頑張らなかった者に与えてあげるものなど何もない。たとえそれで困ったことになったとしても自業自得なのだ。

頑張らなかった者は情け容赦なく切り捨てられていく、それが私達の社会である。

私達が住んでいるのは共に生きていこうとする社会ではない。私達にあるのは出し抜くか出し抜かれるか、勝つか負けるか、得るか失うかだけなのだ。そして生きていく権利があるのは、頑張って競争に勝った者だけである。

この競争社会の中で生き残っていくために、私達は子供の時からずっとこう囁かれ続けてきた。

「早くしろ。急がないと悪いことが起こるぞ」

常に人より先にいくために、人より良いものを手にいれるために、人より抜きんでるために、頑張れ、頑張れ、頑張れ、そう言われ続けてきた。だから私達は走り続ける。私達を動かしているのは不安のエネルギーなのだ。

自分が人を出し抜こうと思っている競争社会の中で、私達はいつも出し抜かれるんじゃないかという不安にかられて生きているのだ。

ブッダはヒンドゥーではビシュヌ神の化身とされていて、だからここ、ブッダガヤにもインド人の巡礼がやって来る。しかしお寺に御参りに来るインド人はいても、カーラチャクラの会場に来る人は一人もいない。

この競争社会に疲れて、何を信じたらいいのか、どう生きたらいいのか分からなくなって右往左往して、遠いチベットという国の宗教に救いを求めてカーラチャクラなんかに来るのは、私達先進国（先進国というのはどういう意味だろう。先に進んで利己主義に走った野蛮人の住む国という意味だろうか）の人間だけだ。

そしてこのカーラチャクラに来ていてさえ、会場の中では競争が繰り広げられているのだった。

その競争に負けた私が困っていたとき、
「場所がないなら、ここに座ったらいいよ」
と、助け舟を出してくれたのは、すぐ近くに座っていたフランス人のお兄さんだった。
「僕の前の場所が空いているから。誰かが取ってるみたいだけど、まだ来ていないから、来るまで座らせてもらったらいいよ」

多分彼は同胞から見捨てられた私に同情したのだろう。こうして私は無事に座ることができたのだが、どうにか席に落ち着いて、一息ついて周りを見回して見ると、どうも皆の様子がいつもと違う。

皆、三、四人で一台のラジオに顔をくっつけて、なんとか同時通訳を聞こうとチューニングするのに必死だし、双眼鏡で舞台を覗いている人もいる。いつもと違って、何だか今日は空気が張り詰めているのだ。

そういえば今マイクから流れてきている声。この声には聞き覚えがある。ダライラマ法王だ。何てことだ。もう始まっていたんだ。一時からじゃなかったのか。

それであんなに行列ができて、会場も超満員だったのか。今まで気付かないなんて、いつもながらどうしてこう鈍いんだろう。

と、やっと事情が分かったその時、チベット人もツーリストも会場にいた人全員がザザッと一斉に立ち上がり、舞台に向かって五体投地を始めたのだった。ダライラマ法王の説法が終わったのだ。

ガピーン。しかもそのスピーチで、法王はこう言ったそうだ。

「体調が悪いので、明日からの行事の予定は全てキャンセルさせていただきます」

と。ガピーン。

一年近く前からこのカーラチャクラの噂を聞いて楽しみにして、ブッダガヤにだって二週間も前から来て待っていたのに。しかもその肝心のダライラマ法王の説法があっているときには、そうとも知らずにいつもの屋台でゆっくり朝食なんか食べていたのだ。ガピーン。我ながら何て間抜けなんだろう。

誰なんだ、一時からなんて言ったのは。九時からだったんじゃないの。

「あーあ、やれやれ、やっぱり中止かよ。少しは期待していたのにな」

と、ツーリスト達は一斉に落胆し、会場を後にして散っていった。そして会場には、今まで自分の持ち物の中で一番大切なものだったに違いない座布団が、もう用済みとばかりにあたり一面に打ち捨てられていた。皆、カーラチャクラが中止になってしまった自分の不運をぼやくのに夢中で、この大きなイベントを中止せざるを得ないほど具合の悪いダライラマ法王の身体を気遣っているらしい人は見当らない。

そして私も暫く茫然《ぼうぜん》として、始まらないまま終わってしまった祭りに、これから一体私はどーしたらいいーの状態に陥ってしまったのであった。ガピーン……。

カーラチャクラは最近人気でヨーロッパでもあっているらしいが、ここであっているのと同質のものだとは思えない。その土地の持っているエネルギーというものがあるからだ。

しかしその同じインドの仏教の聖地で体験したカーラチャクラでも、昔と比べると明らかにそれは変貌していた。

十一年前仏塔の周りを回る何百人、何千人というチベット人の唱える祈りの言葉は、心地好い振動となって肌から直接私の中に入ってきた。

それは言葉というよりは波動そのもので、その中にいるだけで浄化されていくような感じがしたものだ。それはどこまでも清らかで、安らかで、美しいうねりだった。

それが今では世間話などをしながら歩いていて、こうして精神は失われ、形だけが残っていくのだろう。若者達ははしゃぎながらビデオをまわしたり記念撮影をしたりしているし、どちらかというと縁日のような軽いノリになってしまっている。

もうあの身体が震《ふる》えるような、自分を丸ごと持って行かれるような真摯《しんし》なエネルギーはそこにはない。チベット人達は明らかに力を削《そ》がれてしまっている。

この人達は、これから何処へ行こうとしているのだろう。


それでも今回のカーラチャクラでもお寺の周りの通路をチベット人はぐるぐる回っていた。五体投地しながら回る人もいる。

通路の内側の公園のようになっている所は夜になると星の数ほどのろうそくが灯され、それは美しかった。何万というろうそくの光の柔らかい金色に浮かび上がった大塔が、遠くからでも見えた。

夜も毎日お寺に出掛け、チベット人と一緒になってろうそくの光を見ながらぐるぐる回っていると、自分がどこか違う世界に紛れ込んだような錯覚を覚えた。ろうそくの光というのは、私達を違う次元に連れて行く。

普段、余りに明るすぎる人工の光ばかり見慣れている目には、ろうそくの光は仄々《ほのぼの》と明るく、柔らかく、優しく、風に揺らめいて、まるでそこに天国が出現したかのように、それは美しかった。こんなに沢山灯されたろうそくの光の波の中に入ったことは初めてだ。それはまさしく光の波だった。

このろうそくの光一つ一つに、チベット人の平和への祈りが込められているのだと思った。それは本当に暖かい光だった。

# 阿呆のラーム は今日も行く

ラームは全く馬鹿な男だった。三十五才にもなって、まだ真剣に宝クジを当てることを夢見ていた。もっとも宝クジと言っても本物の宝クジではない。彼は外人女を追っかけ廻していたのだ。インドではツーリストの女はもてる。一つにはツーリストはお金持ちだからであり、もう一つはヨソの国では性的にフリーだというとんでもない誤解のためである。

え？　私達がお金持ち？

大抵の人が中流意識を持っている日本では、普通自分のことを一般庶民だと思っているので、いきなりアンタは金持ちだ、と言われてもピンとこない。だから私もインド人から金持ちだと言われても、は？　そんなことないよ、私結構ビンボーなんだけど、なんて思っていた。

しかしこれは日本に居て日本で生活している場合での話である。周りの人も自分とどっこいの生活をしているから私達はそのことに気付かないけど、実は世界的水準から見たら日本は世界に冠たる経済大国、ちょーお金持ちの国なのだ。

つまり実際には私達の国とインドの物価の差が引き起こす現象なのだが、インドに来た時点で、私達はドロンとお金持ちに変身するのだ。

庶民のインド人から見たら、飛行機に乗ってインドまでやって来た、というだけでお金持ちということになるらしい。

なんせ朝から晩まで汗水たらして働いても、庶民の月給はせいぜい日本円にして五千円程度らしいから、彼等にとっては飛行機というものは乗るものではなくて見るものに違いない。その憧れの飛行機に乗って遠い国からやって来たのだ。それだけでお金持ちでなくて何であろう。

彼等はインド人庶民にはとても泊まれないような一泊三百円もする高いゲストハウスに、安い安い、と言って何日も、時には何ヶ月も滞在し、庶民が寄り付けないようなレストランで毎日食事をし、シルクだ何だとバンバン買いまくる。

インドでは煙草は高級品だから、お兄ちゃん達はお茶ついでにバラ売りのものを一本買い、それを友達二、三人で回し吸いする。それも買えない人は煙草の十分の一の値段で買えるビリィというものを吸う。そういう高級品の煙草をツーリストはガバと一箱持ち歩いているのだ。

全く一般のインド人なら目を剝《む》くような贅沢を、私達ツーリストは当り前のようにしているのだ。これがお金持ちでなくて何であろう。

私は両替が面倒なので、今回は五百ドルという大きな額の旅行小切手を持っていったのだが、銀行で両替してみてその渡されたルピーの余りの分厚さに仰天してしまった。全てを百ルピーという比較的小さい額面で呉れたので（多分日本の感覚で五千円位）ガチャガチャとホチキスで止めた一万ルピーの束が二個、その厚みは五センチ程にもなったのだ。こんな分厚いものお腹に巻くこともできないし、仕方無いからその辺の荷物と一緒に鞄の中に詰め込んで、唯のガラクタのように持ち運んでいた。移動する時はバスの屋根の上に積み、トイレに行く時はその辺にほったらかし。

前から一度お金持ちになってみたいなぁ、と思っていたけど、私はその時初めて気が付いたのだ。自分はインドではお金持ちなんだと。

又、インドでは未だにアレンジ結婚というものが主流で、結婚相手は、カーストや年齢や収入などの釣り合いの取れた相手を占いなどで親が独断で決める、というのが殆どらしい。

一応お見合いはするようだが、その後暫くお付き合いをするというわけでもないし、本人同士の意志に最終的な決定権があるわけでもないようだ。

日本での結婚というものは、男女がお互いに恋愛してその結果として収まる形態、つまりそこに愛情が大前提としてあるのだが、インドでは惚《ほ》れたはれた云々《うんぬん》よりも、家と家の結び付き、そして子孫繁栄のための手段として結婚があるようだ。大切なのは愛情ではなく、妻と夫、あるいは母親と父親の型にはいってその役割を果たすことのような気がする。もっともインド人に言わせれば、一緒に暮らせば愛情は自動的に湧いてくるということだ。

だから男女交際なんか未だにとんでもない。一部の上流階級や都会では少しずつ変わってきているらしいが、恋愛結婚というのはまだ一般的ではなく、男女の自由恋愛というものも許されていないようだ。若い男女がデートしているのなんか見たことないし、男女入り混じった若者の集団というものも見たことがない。もしも男性と二人だけで歩いているところを誰かに見られたりしたら、その女性はアバズレのレッテルを貼られ、一生お嫁に行けないかもしれない。

インドはいくつもの民族、宗教、言葉が入り乱れて混在する多様性のある国だ。あらゆる物が何でもアリという感じでそのまま存在しているので、インドに来たツーリストは、それまで縛られていたたった一つの価値観から解放されて自由を感じる。

しかしそれはあくまでツーリストとして滞在しているが故の自由であって、実際にここで生活してみたら随分沢山の不自由なしがらみや古い因習があるに違いない。

インドの男性はたいてい口髭をはやしているし、女性は大体髪を長く伸ばして神話の時代そのままのサリーを着ている。ショートヘアの女の子でも見かけようものなら、それだけで珍しくて振り返ってしまう。男は男らしく、女は女らしくあるべき、という無言の圧力がある証拠だと思う。

いくら多様性のある国でもそれらは決して重なることのない層のように分かれ、人々は一生違う層の世界とは係わることなく、狭い世界の中で生きていくのだろう。

もしかしたら付き合うのは同じカーストの人であるべきだし、子は親の職業を継ぐべきなのかもしれない。

そして女性は結婚して子供を産むべき、家の中にいるべき、男性に従うべき、と沢山の「べき」に縛られているに違いない。

町のお茶屋でとぐろまいていたり、凧上げして遊んだり、映画館に来たりしているのは男だけ。女性は常に父親なり夫なりの監視付きだ。女性は、子供の時は親に従い、結婚したら夫に従い、年とったら子供に従うという女三界に家無しの思想の中に未だに閉じ込められている、時代錯誤もはなはだしい国なのだ。（インドに生まれなくてよかった）。

若い人が異性に興味を持つのは当然のこと。しかし世間の目があるから、自由に接する機会は無い。何と言ってもインド人の情報網は一分《いちぶ》の隙もなく張り巡らされていて、噂は光よりも早く駆け巡るのだ。第一、そんな勇気のある女の子もそうそういないだろう。

そこでツーリストの女性がターゲットになるというわけ。若い男の子は女の子とデートしたくて仕方ないのだ。

不自由なインドのしきたりの枠の外にいるツーリストのお姉ちゃんとだったら、大っぴらにお話できるし、仲良くなればお茶なんかも飲めるし、外人女はお軽いから、簡単に何か良いコトもできるかもしれない。

そしてもし、万が一、うまいことといって結婚なんてものに漕《こ》ぎ付けた日には一躍大金持ち、どっひゃー！　そうだ、これはもう宝クジに当ったようなものなのだ。

又、インド人男性の中には、外国に出稼ぎに行きたいと目論《もくろ》んでいる人もいるようなのだが、エリートサラリーマンや特殊技能でも持っていないかぎり、彼等にはビザを手に入れるのが簡単ではないらしい。十分な見せ金やコネや正当な理由などがない場合、彼等がビザを手に入れる確実な方法は、外人女性と結婚することなのだ。

そういう彼等の目当ては身体かお金、又はその両方だから、相手の顔形や年には一切頓着《とんちゃく》しない。外人女であれば良い。

勿論、近付いて来る男性が全員、そんな下心ありのガツガツ男というわけではない。ただ単に好奇心旺盛な、純粋に親切なだけの人の方が殆どだし、女の子との会話や恋愛の雰囲気を楽しみたいだけのロマンチストもいる。大体、下心男は少し話をすれば分かるものだ。

今回、私は四十代になっていたから、もうあのうっとうしい下心男の攻撃からは解放されるだろうと思っていたのだが、状況は全く変わっていなかった。

言い寄って来る男性は独身に限られているから全て若い。ある程度年を取ったらうまいこと宝クジを当てたか、既に諦めて適当な相手で手を打ったかしているからだ。

そして彼等は、僕は下心なんかないよ、ただ君と友達になりたいだけなんだよ、と迫ってくる。

しかしなんせ若いだけに経験不足、中にはこんな奴もいる。

「僕には以前君くらいの年のカナダ人の恋人がいたんだ。僕はまだ若いけど相手の年なんか気にしない。僕達は本当に心から愛し合っていた。愛があれば年の差なんか関係ないんだよ。でも彼女が結婚してカナダに行こうって言ったから僕は断ったんだ。中には外国に行きたくて、それが目的で外人の女の子を騙したりする奴もいるみたいだけど、僕は違う。僕は外国に行きたいわけじゃないし、お金が欲しいわけでもない。お金なんか全然問題じゃないんだ。大切なのは心から愛し合うことなんだ。君は年とってるし顔もまずいけど、僕はそんなの気にしない。君は本当に心がきれいだ。友達になりたいよ」

ふざけるな。この美しい顔がブスに見えるなんてお前の目は節穴か。そんなこと日本で言ったら縛り首だぞ。これで誉《ほ》めてるつもりなんだから全く腹が立つ。

五才の子供のインド人には言っていいことと悪いことの区別が付かず、太っている女性に向かって平気でブタなどと失礼なことを言ったりする人もいるのだ。

「だって君が年取ってるのも顔が悪いのも事実じゃないか。でも僕はそんなことはどうでもいいって言ってるんだよ」

重ね重ね腹が立つ。下心があるんだったら女の口説き方くらい勉強したらどうなのだ。

尤もほとんどの真面目なインド人はそんな大それたことは考えず、コツコツ真面目に働き、親の言う通り決められた相手と結婚して平和な一生を送るものである。しかし中にはやっぱり一攫千金を狙うアホがたまにいるものだ。

そしてラームは、そんなアホの一人だった。

「日本では何の仕事をしているんだ？　給料は幾らくらいもらってる？」

「仕事ないよ。辞めてきたもん」

「え？　じゃ日本に帰ったらどうするんだ」

「困ってるのよね、どうしよう」

ラームはそろそろと探りを入れてきた。彼にはまともな職がなく、今はとりあえずツーリスト相手の観光案内などして食い繋いでいるのだった。

インドの失業率はどのくらいなんだろう。定職に就けず、とりあえず客引きをしたり、怪しいものを売ったり、ラームみたいに客が見つかればガイドに早変わりするようなその日暮らしの人は巷《ちまた》にあふれている。

しかしラームには野望があって、彼は本当はゲストハウスを経営したいのだった。だがそれには資金がいる。

今ちょうど近所に、三、四階建てのビルが二百万円位で売りに出されていて、ラームはそれを買いたいのだ。

「あそこはいい場所なんだよ。部屋数もちょうどいいし、少し手を加えれば手頃な宿になる。絶対、当る。どうだ、共同経営しないか。インドに住みたいって言ってただろう。ビザだったら問題ない。僕が結婚してあげる。そうすりゃ宿でお金を稼ぎながら一生インドに住めるぞ。どうだ、良い話だろう」

「そんなこと言ったって二百万なんてないもんね」

「日本に帰って稼いでくればいいだろう。頑張ればそれくらい一年で作れるだろう」

「いやぁよ。そんなシンドイ事する気ない」

「じゃあ銀行から借りられないのか」

「まさか。定職もないのに貸してくれるわけないじゃん」

「え？　あ、ふうん、そうなのか」

　あのねラーム、ちょっと言い方がまずいんじゃないの？　私に言い寄ってくる男たちは十人が十人こういうふうに言うものなんだよ。

「僕は君と結婚したいわけじゃないし、ましてお金の事なんか問題じゃない。ただ僕は君のいい友達になりたいだけなんだ。ここらはツーリストの女の子の身体やお金目当てで騙そうとしている悪い奴等がいっぱいいる。奴等は口がうまいから、君が騙されないかと心配なんだ。困った事があったら何でも言ってきてくれ。力になってあげる。観光案内してあげてもいいよ。どこか行きたいところはないかい？　友達だから助けてあげたいんだ。それだけなんだよ」

彼等は友達であることを強調し、お金なんかこれっぽっちも興味ないヨ、と言うのだ。それなのに何だ、ラームは。初めっから僕はお金目当てなんだ、下心ありだぞ、と言ってるのだ。何と不敵な奴。こういうやり方だから成功率が低いのだ。普通の人は逃げていくに決まってる。

しかしラームにしてみればこれは初めから純粋なビジネスで、彼には下心という観念さえないようだった。わぁ、この人、人が良さそう、というのが私がラームを最初に見た時の第一印象だった。

私の見るところ、彼には本心を隠して自分の有利になるように事を運ぶとか、自分を実際より立派に見せるとかいう、普通、大人になるにつれ誰でも多少なりとも身に付けていく処世術が完全に欠落していて、全くバカが付くほどの正直者だったのだ。

ラームは心の中に何かを溜めておくということができなくて、思っていることを全て口に出して言ってしまう。それは自分に自信があるからとか誠実だからというより、五才の子供が、これは言っても良いこと、これは隠しておくべきこと、という区別がつかないで、家の中のことを何でもペラペラ喋ってしまうような正直さなのだった。裏も表も何もないのだ。全く正直が服を着て歩いているような、は？　何のために隠し事したりせんといかんの？　僕こういう人間だよ、と全てをさらけ出しているような感じの人だった。自分の言ったことが相手に、引いては自分にどういう影響を及ぼすか、なんて全く考えもしないのだ。

ラームは数日私を口説き続けたが、実は私が日本では市バスにも乗らず、チャリンコで動き廻っている程のビンボー人なのだと分かると、さっさと見切りをつけて又別のツーリストに走っていった。

インドで宿を経営してそのままインドに住み着くなんて魅力的な話ではあるが、ナイものはナイのだ。二百万なんか、こっちが欲しいくらいだ。

「二百万ねぇ。二十万位なら、まぁ何とかなるかもねぇ」

と言うと、ラームはフンと鼻で笑って馬鹿にした。失礼な。自分だって持ってないくせに。

ラームは実にマメな奴だった。見る度に違うツーリストの女の子と歩いていた。知らない女の子に話しかけて、連れ立って歩くようになるまでだけでもかなりの手順が必要なはずである。実に涙ぐましい努力だった。これだけの情熱があるなら、それを何か別の堅い仕事に振り向ければきっと大成するに違いないのに。

しかし彼の名誉のために言っておくと、ラームがいつも金だけのために女の子に近付いていたかというとそうでもなくて、ラームは実は根っからの親切な人でもあった。

ツーリストは現地の事情がよく分からないので、ちょっとしたことで困ったりすることがある。そういうとき、お人好しのラームは手を差し伸べずにはいられないようだった。足首を痛めた女の子のために朝五時に起きて遠くの病院に連れて行ってあげたり、自炊をしたいという男の子のために、コンロをレンタルしてきてあげたりしていた。

私はあるお祭りの時、凄いものがあるから見せてあげるよ、とリキシャに乗ってお祭り見物に連れて行ってもらったことがある。

それは、竹の骨組と白い布だけで造られた巨大なお寺だった。そう説明してもらわなければ、遠目には本物のお寺かと思うような素晴らしいものだ。

コルカタから何十人という職人を呼び、何週間かかけて、この祭りのために建てたものらしい。祭りが終われば取り壊してしまうらしいが、竹と布だけで出来ているとは言え、優にビル十階位の高さがある立派なものだ。しかも中に入って、そこに納められている巨大な神像を見ることもできた。

「凄いんだ。もう一つこっちにもあるんだ。とにかく最高なんだ。アメリカ人が見たら絶対喜ぶよ」

と、見るからに嬉しそうな顔をして、ラームがもう一つの建物に案内してくれた。

しかし見てびっくり。何とそこにあったのは、飛行機が突き刺さったツインタワーだったのだ。あの同時多発テロのほんの一ケ月後のことである。アメリカ人が見たら怒ると思うんだけど……。

「いや、これはもう二度とあんな事を起こしてはいけないという戒《いまし》めなんだよ。人々が忘れないようにね」

その割には随分嬉しそうではないか。周りのインド人も大喜びしてるし、一体どういう感覚なのだ？

しかし、なんにせよ親切な人である。ラームは私にこれを見せてくれたかったんだなぁ。ガイドブックに載ってるわけじゃないし、こんな中心地から離れた場所じゃ、地元の人に連れて行ってもらうより他に知りようがないもんね。

ラームは話し好きな人で、いつも近所の人とたまって話の中心になっていた。しかしラームは周りからは少し軽く見られているようだ。

「ラーム？　ああ、奴はここらでは有名なアホなんだよ。なんたって下ネタのジョークばっかり飛ばしてるんだからな」

え？　それは初耳。

「ねぇ、ラーム。周りの人はあんたのこと、冗談がうまい人だって言ってるけど」

と、水を向けてみると、

「あはは。そうなんだよ。僕が得意なのはジョークはジョークでも下ネタなんだよ。昨日はこんな話してたんだ。この前、ムダ毛の処理したいって言う女の子がいたから、僕の知ってる美容院に連れて行ってあげたんだよ。ほら、あそこに泊まってる金髪のあの子だよ。知ってるだろう。それで脇だったらいくら、脛《すね》だったらいくらとか通訳してあげてね。そしたらその子さ、ラーム、私ここも処理したいんだけどできるかしらー、って言って下を指すんだよ。まいったね、あははは」

何もそこまで訊いてないだろうが。

正直なのもいいが、正直の上にお喋りとなると、ラームと話をするときは少し構えてしまうのだ。

普通、私達は相手の立場や性別、親しさによって話の内容を制限するものだ。はい、あんたとはここまでよ、って感じで。

なのにラームときたら誰にでも同じ様に、こちらが訊きもしないことを自分からペラペラ喋ってしまう。危っかしいったらないのだ。

自分のプライバシーが全部ばれてしまうというのは、裸を見られているようで居心地の良いものではない。このムダ毛処理に行ったお姉さんだって、そのことが皆に笑われているなんて知ったら、良い気持ちがするわけはないのだ。

インド人はこんなふうに、自分の知らないところで自分のことがサカナにされていても不愉快に思わないのだろうか。相手が自分の何を知っているか自分は知らない、という状態が平気なんだろうか。

近所の人が皆仲良しの社会では、しかしこれは避けられない側面だろう。私達はこういう、プライバシーの侵害が嫌で近所同士の連帯を断ち切っていったんだろうか。

たまにラームに頼まれて、恋のキューピット役をやらされることもあった。

「昨日歩いている時にすれ違ったんだ。きっと日本人だよ。凄い美人なんだ。頼む。一度話をしたいんだ。顔をつないでくれ」

ラームには逆玉に乗ってゲストハウスをやりたいという野望があったが、実は彼には決定的な弱点があった。彼はただの女好きでもあったのだ。

「凄い美人なんだ。一目惚れしてしまったんだ。もう彼女のことで頭が一杯なんだ！」

この台詞を何回聞かされたかわからない。ラームは面食いでもあったのだ。

お金のために結婚したいのなら、美人だなんだと騒がずビジネスに徹したらいいのだ。一体アンタは金が欲しいのか、美人がいいのか。どうも後者のようである。ラームは美人が好きなのだ。

ある日、ラームは思い詰めたような顔で私の部屋にやってきた。

「ネパールに行ったことあるだろう？　僕はまだ行ったこと無いんだ。今度行く時一緒に行かないか」

深刻そうな顔をしているから何か問題でも起こったのかと思ったら、その「問題」はやはり女だった。

昨日凄い美人が二人歩いているのを見かけて、それがどうもネパール人らしいのだ。それで彼は、ネパールに行けばあんな美人がワンサといるんだ、と思ったようだ。何かを真剣に考えているように見えた彼の頭の中には、ネパールの町を埋め尽くす美人たちが描かれていたに違いない。隣の国ネパールにいけば美人が手にはいる！　そう思ったんだろうな。

「だけど彼女たちは女二人だけだったし、ゴージャスな西洋の服を着ていたんだよ。友達はそれは娼婦に違いないって言うんだけど、君はどう思う？　ネパールにはあんな子は沢山いるのかい？」

「派手な服で女二人だけ？　おかしいじゃない。それは娼婦かもね」

と、冷たく言ってやった。全くバカバカしいのだ。

美人を見ると途端にのぼせあがり、少し親しくなってはビジネスそっちのけで、結婚するんだ！　僕は彼女と結婚するんだ！　二人でゲストハウスを経営するんだ！　などと一人で先走ってしまう。

しかし世の中そうは問屋が卸《おろ》さない。いつも途中で逃げられてしまうのだ。そして捨てられた途端に目が覚めてシビアになり、何だ、僕はあの子にサリーを買ってあげた。食事にも招待したし映画にも連れていった。しめて××ルピーくらい注ぎ込んだのに、などと言う。夢から覚めて急に冷静なビジネスマンの頭に戻り、自分の損した投資額を計算し始めるのだ。しかしそれでも懲《こ》りず、数日すると過去の苦い経験を全て忘れ、又別の女の子のお尻を追っかけ廻し始めるのである。

まだ分からないのかラーム。一体いつまでこんなことやってるんだ。普通三十代にもなったらバカな一攫千金の夢なんか諦めて、適当な相手と結婚して身を固め、堅気の仕事に就くものなのだ。子供を育て、真面目に働き、次の世代のことを考えるものなのだ。近所の人は皆ラームの事嗤《わら》ってるんだぞ。

「ラームは何で今まで結婚してないのかな」
「仕事がないからだ。嫁の来てがあるものか」

そうか、当然だな。ラームは結婚して、同時に仕事も手に入れようという甘い夢を見ているのだ。二兎を追うもの一兎を得ず。やっぱりラームは馬鹿なのだ。

しかし、もしかしたら世の中には馬鹿にしかできないことがあるのかもしれない。馬鹿の一念岩をも通すと言うではないか。

実際、偉大な人は皆口を揃えて言っている。何か事を成すにはとにかく諦めないことが肝心なのだ、と。偉大な人というのは、周りから何と言われようと、どれだけ失敗を重ねようと決して諦めない馬鹿だったのに違いない。

常に前だけを見て、自分は絶対に何が何でも成功するんだ、という強い信念だけがついに岩をも突き通す。何度も繰り返して思い描き、必ずそうなると思い込んだことには実現する力があるのだ。

人はラームのことを往生際《おうじょうぎわ》の悪い馬鹿だと思うだろうが、それは裏を返せば、不屈の精神を持った粘り強い人ということではないか。

世間の常識が何だというのだ。世間の常識の枠の中に収まってしまえば、世間並みの普通の人生を手に入れることしかできはしない。常識を外れたとてつもない夢を持った者は、人に馬鹿にされつつ失意のまま人生を終えるか、ついに夢を手に入れて称賛されるかのどちらかしかないのだ。そしてその勝負を分けるのは、信じる力にかかっている。人間は自分でできると思ったことだけができるのだ。だから、もしかしたら駄目かもしれないなどとは絶対に考えるな。

おじさんよ、大志を抱け。阿呆には阿呆の道がある。ラームはラームの道を行け。どうせ馬鹿に堅気の仕事はできないものだ。それなら夢を貫《つらぬ》き通せ。

同じ馬鹿の一人として、将来が楽しみな一人ではある。

頑張れ、ラーム。めでたく逆玉に乗った暁《あかつき》には、お祝いを持って駆けつけるからね。

誰かこんなラームのお嫁さんになってくれる人、いないかな。

やっぱり旅はやめられない

汽車がバラナシに着いた時は夜中の三時になっていた。切符を買うときに六時間半で着くと教えてもらったのに、きっかり倍の十三時間もかかってしまったのだ。

インドの汽車はこんなふうに信じられないくらいに遅れることがよくある。駅でも何でもない所でちょこちょこ止まり、何をやっているのか全然動き出す気配がなく、乗客は退屈して外に出て星を眺めたりしていた。

こういうときでも汽車の中はアナウンスなんて一切無いから、誰に訊いてみても何も事情は分からない。あと一時間で着くよ、とでたらめを言って励《はげ》ましてくれたりする人もいるが、いつかは着いてくれるだろう、と願うのみなのだ。

旅は好きだが、実は私は移動が大嫌いである。特にインドでの移動は、とにかく訳が分からないのだ。

ツーリストの中には数日ごとに移動しているようなマメな人もいるが、私はそういう人を尊敬する。爪の垢でも戴《いただ》きたいものだ。

駅に切符を買いにいく。これがまず買い方が分からない。

昼間の移動の時は二等の自由席の当日券を買えば良いのでこれならすぐに分かるのだが、インドという国はとにかく大きく、ついでに汽車は遅いので、少しの移動でも数日がかりの旅になってしまう。こういう時はやはり前もって寝台を予約しておいた方が良い。

まず予約申し込み用紙を手に入れて、それに自分の乗りたい日、汽車の番号、希望座席などを書き入れる。しかしその前に、自分の乗りたい汽車の番号というものが分からない。

掲示板に汽車の行き先と番号が書いてあるときは、あ、これこれ、と思ってそれを書き込むが、よく見ないと窓口で、その汽車は毎日出ていない、などと言われることがある。

駅の中にある案内所にはどういうわけか滅多に人がいないし、たまに係の人がいると黒山の人集《だか》りで我先にと窓口に押し寄せて、とてもか弱い私なんかが近付ける状態ではない。その上、係の人の仕事の捌《さば》けないことといったら、見ているだけで絶望的な気分になる。

毎回苦労するので、旅も終わりに近付いた頃時刻表を買ってみた。ところがこれが一センチの厚みもないのだ。これだけのページ数でどうやってこの広いインドの汽車の時刻全てを網羅《もうら》しているのだろうと思ったら、主要な路線の主要な駅しか載っていないのだった。

その時私が行ったのは全て田舎の僻地《へきち》だったから、いくら探しても私の乗りたい路線は載っておらず、全然役に立たなかった。さすがインドの時刻表だ。

申し込み用紙を書いたら次に売り場の窓口の行列に並ぶのだが、窓口は、行き先、等級、出発日によって細かく分かれていて、今度はどの窓口か分からない。待っている人に、この汽車の切符を買うのはここの列でいいのか、と訊いて列のしっぽに付いて我慢強く待つ。

インド人は今を楽しむことの天才だから、こういううんざりする行列に並んでいるときも、友達同士で違う窓口に並んでどっちが先に買えるかを競争して遊んだりしている。

そしてさんざん待ってやっと窓口まで漕ぎ着けると、あっさり、「ここじゃない」などと言われてすごすご引き下がる。待っている人達も実は訳が分かっていないのだが、インド人だから大威張りで、この列だ、などと言うのだ。

駅の造りは複雑(に見える)で、窓口はあちこちにバラバラあって、正しい売り場は全然別の建物だったりすることもある。

こうやってあちこちの窓口をたらい回しにされて、やっと正しいところに来たと思ったら今度は、

「×月×日××行き二等寝台、この汽車には二等寝台はない。書き直して来い」

などと言われ、又してもすごすご引き下がるのである。

そこで又正しい座席を書いて正しい窓口に並び、さんざん待たされてやっと自分の番が来たと思ったら、今度は、

「それは満席だ」

などと言われる。

日本だったら目的地と希望日さえ告げれば、後は窓口の人がぴゃっぴゃっと手際よくやってくれるのだが、インドではそういうことはやってくれない。申し込み用紙に書いてある座席を調べてくれるのみなのだ。

だからその時たまたま機嫌がいい係官が座っていて、

「この座席は満席だから一等にしてはどうかね。これだったら空きがあるよ。あるいは半日後に出るやつに乗れば席は取れるんだが」

などと親切にアドバイスしてくれたときには、

「へへー、もう貴方様《あなた》の言うとおりに致します。感謝感激あめあられ」

と、投げキスでもしたい気持ちになってしまう。

オリエンタル急行みたいな特別な電車じゃあるまいし、何も私はこの汽車に乗るのが目的ではないのだ。目的地に運んでくれればどの汽車でも良い。ついでに分単位で動いている日本のサラリーマンでもなく、せいぜい、今は一月だ、という程度の時間の感覚しかないツーリストなのだから、絶対にこの日じゃないと駄目だというわけでもない。適当に見繕《みつくろ》ってくれたら、それで良いのだ。

駅の中を半日もあちこちの窓口をたらい回しにされた揚げ句、結局訳が分からず切符が買えなかったこともあるくらいなのだ。

だから丸一日潰して切符を手に入れたときの喜びは喩《たと》えようもない。まさに努力が実って形になって現れたーという感じ。実にインドでは、汽車の切符一枚買うのも感動的なイベントなのだ。

苦労と喜びは同じコインの裏表なのだろう。日本での生活は整い過ぎて、苦労がないから喜びもない。人間が喜ぶためには苦しみが必要なのだろうか。苦しみというのは喜びの種なのだろうか。私達はもはや切符一枚に感動できる幸せを失ってしまったのだ。

もっとも、主要な観光地にはツーリスト専用の切符売り場が設けられているし、旅行代理店も沢山あって、最近のツーリストは自分で切符を買わず、手数料を払って手配してもらう人が多いようだ。

移動当日、大事な大事な切符ちゃんを持って駅に行く。すると今度はプラットホームが分からない。

大きな駅では電動掲示板みたいなものがあるところもあるが、これは全然当てにならない。こういう時、その辺で汽車を待っているインド人に訊いても無駄である。彼等も全然訳が分かっていないのだ。

だからこういうときはツーリストの特権を使って、駅の中に沢山ある何かの事務所みたいなところに兎《と》に角《かく》飛び込んで行って、その辺の人を捕まえて、××行きの電車どこ？　と訊くしかない。駅員さんは滅多に見かけないのだ。

デリーなんかだと駅はやたらと大きくて十二本くらいの線があるから、端から端まで歩き廻ると一時間くらいかかってしまう。重い荷物を背負ったまま一つ一つ調べたりできたものではない。第一、プラットホームを廻ったところで案内が書き出してあるわけではない。唯一頼りになるのは構内アナウンスだが、これが又スピーカーが悪くて聞き取り辛い。

何とか自分のプラットホームを見つけ、それが正しければ掲示板に汽車に乗る人の名簿が張り出してあって、この中に自分の名前があればひとまずは安心である。しかしそこでぼーっと待っていても汽車は時間通りに来るとは限らないし、突然プラットホームが変更になったりすることもある。汽車に乗れなかったり、または間違って乗って違う場所に行ってしまったというツーリストの話はよく聞くのだ。

やがて汽車が入ってくると、プラットホームは蜂の巣をつついたような騒ぎになる。人々は、まるで火事の現場で逃げ場を探して右往左往している群集のようなパニック状態に陥り、皆我先にと自分の乗る車両を探して走り廻り、入り口めがけて殺到する。

しかも大抵の人がドでかい荷物を抱えているから、その混雑のしようは半端じゃない。皆が皆、この汽車に乗れなかったら私は焼け死んでしまうんだ！　とでも言わんばかりの必死の形相《ぎょうそう》で走り廻っていて、指定席でない車両なんかは入り口に近付くことさえできない阿鼻叫喚《あびきょうかん》である。

インドの汽車はやたらと長いのが多くて、人をかき分けかき分け重い荷物を背負ったまま端から端まで走り廻って自分の車両を探し出すのは、もう大変なのだ。こういうときは私も必死の顔をしているに違いない。

乗車口にはこの車両に乗る人の名前の一覧表が張り出してあるので、正しい車両を見つけ、そこに自分の名前があったらこれでもう何も心配はない。この汽車に間違いないのだ。そして自分の座席番号を探して荷物を置いて座ったら、あー、これでやっと一安心。もう移動は半分は終わったようなものだ。

たまに寝台の予約がキャンセル待ちしか取れず、取れないまま何とかなるだろうと乗ってみたら、これが結構何とかなったりするときもある。しかしそれも後から考えてみてもどうして席が取れたか分からないので、インドは何回汽車に乗っても、やっぱり訳が分からないままなのだ。

毎回訳が分からないまま毎回何とかなってるから、結局どうして何とかなったのか、いつまでたってもさっぱり分からない。

そして苦労してやっと無事に汽車に乗り込んだと思ったらこういうことだ。暗くなる前には着くと思っていたのに、もう夜中の三時ではないか。

確か駅前の通りを渡って少し行ったところに安宿街があったはずだ、と思い出して外に出てみたら、すごい霧で一メートル先も見えない。こんな時に外をうろうろしては危ない。

主要な駅には構内にリタイアリングルームという宿泊施設が用意されているので、今夜はそこを当ってみるのが良さそうだ、と又駅に戻って探していたら、一人の客引きがすーっと寄って来た。

「宿を探しているんだろう、良い所を知っているぞ」

「今日はリタイアリングルームに泊まろうと思ってるんだけど、どこにあるか知らない？」

「そこは今日は満室だよ。二十四時間営業の宿を知っている。オートリキシャで十ルピーで行ってあげるよ」

インドでは、いつでもどこでもこういうふうにすぐ客引きさんが寄ってくるので、どんな状況になっても宿にありつけないで途方にくれるということはまずない。こっちが努力して探し出さなくても、向こうからこちらを探し出してくれるので結構助かったりする。

二十四時間、常にインド人というのは、どういう形であれ私達ツーリストを構ってくれる。

ノープロブレムなのだ。

　このお兄さんはリタイアリングルームは満室だよと言ったが、こういう場合、自分の方に客を連れてこようと平気で嘘をつく人もいるから、それが本当かどうかは分からない。しかし実際リタイアリングルームは部屋数が少なくて満室のことが多いようだし、重い荷物を持って広い駅の中を又うろうろ歩き廻るのも嫌だし、いい加減疲れていたので、このお兄さんに頼むことにした。

　案内されるままに付いていくと、彼は私をオートリキシャに乗せ、別のお兄さんに、ほれ、客一丁、とか言って又どこかに消えていった。彼はオートリキシャの客引きだったのかな。どういうシステムになっているんだろう。

「こんな夜中の三時に仕事なんて大変ね。お兄さんはいつ寝てるの」

「いや、僕は夜専門なんだよ。夜働いて昼間寝てる」

　霧でほんの少し先も見えない真っ白な中、オートリキシャは走っていく。

「良い宿を知っているからね。ガンガーも近いし、メニメニジャパニね。クリーンだし、二十四時間営業だから心配ないよ」

　真夜中に女一人の私を気遣ってくれているのか、そう言いながら宿に着くと、お兄さんは、

「おい！　客だ！　開けろ、開けろ！」

と、割れんばかりにドアを叩き始めるのだった。何だ、二十四時間営業とか言って、単に叩き起こしただけじゃないの。

　しかしせっかく宿の人がねぼけ眼《まなこ》で出てきてくれたのだが、残念ながら満室だった。

「ノープロブレム。別のところを知ってる」

又オートリキシャに乗り込んで走っていると、今度はいきなりパシッと音がして車のライトが消えてしまった。街灯があるわけじゃないし、真っ暗で、しかも霧がかかっていて真っ白なのだ。

「ちょっとお兄さん、大丈夫？」

車を止めて修理でもするかと思ったら、お兄さんは走り続ける。

「だ、大丈夫だよ」

「全然見えないじゃないの、気を付けてよ、本当に大丈夫？」

「う、うん、気を付けるよ。大丈夫だよ」

お兄さんは闇の中のほんの少しの気配も見逃すまいと必死に目を見開き、前を凝視《ぎょうし》して一生懸命運転した。信じられないが、インド人は闇の中でも目が利くのである。

ライトが消えると、霧に包まれた何とも幻想的な世界が出現した。周りから全てのものが消え去り、ただただ霧。時間さえも止まってしまい、まるで霧とこのオートに乗っている私達だけがこの世界に存在しているような不思議な気持ちになった。

無事に目的の宿に着き、さっきと同じように宿の人を叩き起こし、余り気に入らなかったが、取り敢えず決めることにした。夜中なのだ、選り好みをしている場合ではない。

運ちゃんに、ありがと、と百ルピー札を渡すと、

「釣りはいくら要る？」

と言う。

「だって十ルピーって言ったじゃない」

「それは最初の宿までの場合だよ。あそこからここまで又かなり走ったからな」

インド人はこういうふうに、降りてから前言撤回して新たに料金交渉を始めることがよくある。不思議だが、決して前の宿を断られた時点で、別の宿に行くから割り増し料金払ってよ、などと言ったりしない。

インド人が事前にそう説明しないから誤解を招くのだが、考えてみれば距離が伸びれば料金も上がるというのは当り前のことだ。当り前だから一々説明しないのだろうか。

慣れないうちは最初に決めた十ルピーという金額に拘《こだわ》ってしまうので、又騙そうとして、と昔は一々腹を立てていた。しかし彼の言うのも尤もなので、

「分かった、じゃあ二十ルピーにしよう」

と言うと、運ちゃんは、

「三十ルピー欲しい」

と言う。

インドは話し合いの国である。ここで私が何が何でも二十ルピーしか出したくない、と思えば、そこでお互いに話し合えばそれで良い。

しかし夜中電気もないのに一生懸命走ってくれたし、私はもともと多目に払おうと思っていたから、それでオーケーした。

オートのお兄さんはお釣りを七十ルピー渡しながら、

「ほんとにいい？　怒ってない？」

と、心配そうに訊いた。

後で知ったのだが、ここは昼間でも三十ルピーが相場だった。あのお兄さんは遠慮深い人だったのだ。

割れたライトを触って怪我をしてしまったようで、彼は、ここ切ったー、と私に見せにきた。それで傷にバンドエイドを貼ってあげたら、お兄さんは子供のようににこにこして喜んだのだった。インド人というのは何とも可愛いのだ。


移動は大嫌いだが、移動し終わった後はいつも一仕事成し終えた後のような充実感と、又一つ増えた楽しい思い出でいつもほのぼのと満足した気持ちになる。

インドでは移動するという出来事だけで、十分ドラマチックなのだ。


一度、汽車の切符が買えなかったことがある。ある人から勧められた汽車に乗ろうと駅に行ったのだが、切符の売り場がさっぱり分からないのだ。

どういうふうに分かれているのか、窓口はこっちの建物に十程、あっちの建物にも十程、十二本もある線路を渡って奥にも窓口があり、どこで訊いてもここじゃないと言うし、広い駅の中を数時間も歩きまわって結局売り場が分からず終いだったのだ。ただ当日券売り場だけは分かったので、私は予約は諦め、その当日券を買って乗ることにした。

ところが次の日の朝駅に行くと、当日券は発車の一時間前から売り出すと聞いていたのに、一時間前に行ったらもう既に売り切れていたのだ。全くインド人の言うことは当てにならない。

窓口の前には他にもアブレた人が四、五人いたので「貴方達はどうするのですか」と訊いてみたところ、「今、皆でタクシーに乗って行こうかと相談しているのだが」という答え。汽車で六時間という距離をタクシーで行くなんて随分贅沢だなと思ったが、見れば全員パリッとした服装で、かなりのお金持ちらしい。（後になって知ったのだが、その私の乗ろうとしていた汽車はかなりの高級列車だった）。

相談がまとまったようで、私も仲間に入れてもらえることになり、私達はタクシーに乗り込んだ。メンバーは四人のうち二人はピシッとネクタイを締めたビジネスマンで、後の二人は紳士淑女といった感じの夫婦だった。彼等は私が加わると全員、直ちに英語に切り替えてくれ、おお、何とインド人はすごいのだと感心したものだ。

長距離走るのでお昼はドライブインに寄ったのだが、これが又超高級で驚いてしまった。クーラーが効いた清潔で広々としたレストランの中には蝶ネクタイを締めたウエイターがいて、建物の周りは花咲き乱れる美しい庭園で囲まれていたのだ。いつもボロのバスでボロの食堂にしか止まったことがなかったから、こんな別世界みたいなところもあるなんて知らなかった。

そしてその時、私は自分の格好が急に恥ずかしくなったものだ。インドでの移動はバスも汽車も汗と埃にまみれて真っ黒になってしまう。その時私はもう移動を始めて四日目だったので、洗濯もできずに服は黒く煤《すす》け、ヨレヨレ状態だったのだ。

にも拘わらず、この人達はよく私を拾ってくれたなぁ。それどころかここの昼食まで御馳走してくれた。私だったら助けんよね、こんな汚いツーリスト、って感じなのに。服は汚いしエリートでもない私は、エリートの紳士淑女の中で少し気後れしてしまうのだった。

やっぱり庶民の私は二等の庶民と一緒の方が良い。これが分相応なのだ。

あるとき駅で学生と話していたら「僕達ここから一時間くらいの所の学校に通っているんだけど、一回も切符買ったことないんだよ。毎日ただ乗りさ」と言う。

え。そう言われてみれば、二等の移動のときは一回も切符を調べに来たことがない。それなら事情が分かっている地元の人なら、切符を買わない人も結構いるに違いない。こんなことで採算が取れるんだろうか。なんとも呑気なことだ。

汽車には、汽車の中で煮炊きするのは止めましょう、なんて絵付きの張り紙があったりして、実にインドなのだ。今回はこういう人は一度も見かけなかったけど、駅の構内にはまだ結構いる。多分駅に住み着いている人達なのだろう。インドの駅には改札口というものはないので、誰でも出入り自由なのだ。駅によっては、夕方構内に行くとあっちでもこっちでも一家が料理している姿を見かけたりする。

インドの汽車というのは、十六年前に初めて来たときからちっとも変わっていないようだ。

イギリス人のツーリストが「何よ、せっかく私達の国が鉄道を敷いてやったのに。インド人ときたら全然整備も手入れもやってないから、汽車は老朽化するばかりじゃないの。これじゃ五十年後にはインドから汽車はなくなってしまうわよ」と憤慨していたが、本当なのだろうか。インドだったら有り得そうだ。

駅に止まったとき、汽車の中にはいろんな物売りが乗ってくる。「チャーイ、チャーイ」とお茶売りのおっちゃん。果物売りや軽食売り。ちゃちな時計やおもちゃに新聞。どれどれ、今度は何を売りにきたかな、と思うだけで結構楽しい。

物乞いも乗ってくる。目の不自由な人は連れの人の肩につかまって歩きながら歌を歌っている。足の悪い人。インドではよく見かけるのだが、どういうわけか足首から下がきゅんと内側にねじ曲がっていて、足の裏をちゃんと地面に着けることができず、だからこういう人は四つん這いになって歩いている。車椅子などは普及していないから、この人達の生活はどんなに不便で大変だろう。

掃除屋さんも乗ってくる。インド人は何か物を食べた後のゴミやピーナツの殻などは全てその辺に捨てるから、床はそのうちゴミだらけになる。ほうき一本だけ持った、大抵十才くらいの子供が床に這いつくばるようにして掃除して、後からお金を集めにくる。彼等もこうやって自分なりにできる仕事を見つけて、何とか生きていこうと必死なのだ。

そしてゴミを捨てるという行為は、彼等にそういう仕事の場を提供して生かしてあげる、見方によっては福祉的な一面を持っているのではないだろうか。もしインド人がゴミを捨ててはいけないということに目覚めてしまったら、掃除屋さんはその仕事を奪われてしまう。需要あるところ供給あり。このへんインドは融通が利くのだ。

だからこれも又持ちつ持たれつの関係で、インドではそういう意味でうまく循環している。鉄道会社は掃除の人を雇わなくていいし、乗客はきれいになって嬉しいし、子供はお金が稼げるのだ。

大体インドにはゴミをゴミ箱に捨てるという発想はなく、だから町の中も汽車の中もゴミ箱のようなものだ。

しかしそれでも別に問題はなかった。昔のインドには土に返るゴミしかなかったから。軽食は葉っぱのお皿に乗せてくれるし、計り売りのお菓子は新聞紙に包んでくれる。生ゴミは牛やヤギなどの動物が食べるから、一〇〇パーセントリサイクルできていて驚いたものだ。お茶を頼むと小さな使い捨ての素焼きのカップに入れてくれ、飲んだ後は地面に叩きつけて割れば、これもそのうち土に返っていった。

しかし今回来てみると素焼きのカップはプラスチックになり、袋物のスナック菓子が増え、物を買うとビニール袋に入れてくれるときもある。

ゴミをその辺に捨てるという習慣はそのままなのに、インド人は、まだゴミの質が変わってしまったことに気付いていていない。

ペットボトル集め屋さんも乗り込んで来る。

どこかの駅に止まったとき二人の子供が乗り込んできた。彼等はこのボトルをどこかに売るか、このボトルに水を詰めてそれを売るかしてお金を稼いでいるようだ。こうしてこのペットボトルもそのまま再利用される。分別してゴミに出しましょう、なんて言わなくても、こんなふうに分別する人はちゃんと現れる。燃えないゴミの日にアルミ缶を拾っている日本のホームレスのおっちゃんのようなものだろう。

私が座っているところにこの少年二人が通りかかった。私を見つけると、あ、外人だ、という顔で立ち止まり、一人はにこっと笑ってハローと言い、一人は哀れっぽい顔をしてワンルピーと手を差し出した。

この二人は貧しい家に生まれて、彼等なりに家計を助けるために今はこういう仕事をしているのだろうけど、この二人の将来はもう既に大きく隔《へだ》たっている気がした。

唯心所現《ゆいしんしょげん》である。心の中にある混沌とした想いが時間的順序を追って展開し、この現象世界のスクリーンに写し出されていくのが人生なのだと思う。心の中にある種はいつか必ず外の世界に表れて、その種の中で眠っていた想いの通りの形の実を結ぶのだ。心の中に否定的なものが沢山あると、相応の否定的な人生が現れてくる。心の中に喜びがなかったら、喜べる人生が手に入るはずはないのだ。

同じ境遇の二人が電車の中で見なれぬ外人に遭遇する、という同じ出来事に出会ったのに、一人は声を掛けたことを喜び、一人はお金をもらえなかったことを悲しんだ。一人にとっては良いことが起こったのであり、片方にとっては悪いことが起こったのである。

喜んだ子は何に出会ってもその出来事の中に喜びを見つけるだろうし、悲しんだ子は悲しみを見つけるのだ。そのうちに喜んだ子は常に自分に喜びを引き付け、悲しんだ子はますます悲しみを呼び寄せることになるのではないだろうか。

印象的なのは、ハローの子は輝く目をしていて、ワンルピーの子は既に暗い目をしていたことだ。


ある時、出入り口付近で歌が聞こえてきて人々が笑いだし、急に賑《にぎ》やかになったので、又インド人がなんか騒いでる、歌のうまい目の悪い人でも乗って来たのかな、と思ったら、しばらくしてその騒ぎの元が私の方にやって来た。それは派手なキンキラキンの衣装を身に着けたおかまの三人組だった。

きゃー、おかまだぁ。インドにもヒジュラとかいっておかまの集団がいるのは聞いていたが、見るのは初めてだった。おかまってのは、どこの国でも女顔負けの女らしい派手な衣装を着ているものなのだろうか。

おかまのお姉さん達は私に気付くとにっと笑って、

「あーんら、外人のおねーさーん。私達三人姉妹の芸人なの。お金ちょうだーい。さあ、十ルピー」

と、しなを作って言った。

彼女はヒンディー語で喋っていたが、イントネーションと表情と仕草《しぐさ》で何を言っているのかすぐに分かる。

「十ルピー？　分かった、上げるけど、お金取るからには芸を見せてよ」

と言うと彼女たちは、「いいわよーん」と楽器を演奏して歌い始め、一人が踊り始めた。私に熱ーい流し目を送りながら腰をくねくねさせて、それは色っぽかった。手拍子を打ちキンキラの衣装をヒラヒラさせて、彼女は実におかまらしい大げさな女らしさで踊った。

おかまというのはどこの国でも明るいんだなぁ。それは完全に開き直った陽気さなのだろう。実は私はおかまというものを尊敬している。思うに男性に対する最も蔑《さげす》みの言葉というのは、「おかま野郎」という言葉ではないかと思うのだ。そう言われて怒らない人はいないだろう。にもかかわらず彼等は「アタシ、おかま野郎です」と宣言しているのだ。すごい勇気だなぁ。あれだけ人から馬鹿にされつつもそれを撥ね返しているんだから、陽気じゃないと生きていけないだろう。

彼等がどうしておかまになるのか私には分からないけど、日本では、最近でこそやっとその市民権が認められてきたところなのだ。インドのような保守的、時代錯誤の国で、おかまはどれだけ差別されているだろうか。彼等は流れ歩いて暮らしていると聞いたけど、とても故郷には帰れないんじゃないだろうか。それとも案外受け入れられているのだろうか。第三の性とか言って。

「さ、これでどーお？　もう十分楽しんだでしょ。十ルピー出しなさいよ」

「そうねえ、今のはちょっと短かかったな、サービス不足ね。だから五ルピー」

と値切ると、

「あーら、ふん。なによ、けちねぇ」

と、又しても大げさな仕草でつーんとして彼女達は向こうへ行ったのであった。おかまというのは仕草や喋り方や雰囲気まで、日本もインドも同じなんだなぁ。おかぴー。

それにしても最初十ルピー払うといったお金を後になって値切る、と。私もインド人みたいになってきた。

一人で旅していると、長距離の移動をするときはいつも荷物の管理が大変だった。昔は汽車に乗ったらすぐ座席に鎖で繋いだりしていたが、どうもそれは好きではない。自分が席を外すときに、ここの場所取ってますよ、という印に席の上にバッグを置きっ放しにしたりするのは日本くらいではないのだろうか。そういう面では日本という国は安全なので、人々は警戒心に欠けているのだ。

インド人でも一人旅の人は荷物は鎖で繋いだりして用心している。まだまだ貧しい人も多いし、駅で止まったときは物乞いや訳の分からん人達が乗ったり降りたりするのだ。当然だろう。

しかしある時トイレに行こうと、向かいに座っていた女性に何気無く、「トイレに行くから荷物見ててね」と頼むと、「いいわよ」と快く返事が返ってきた。そしてその時、私は愕然《がくぜん》とした。そうだ。その場を離れるときは近くにいる人に頼めばいいのだ。こんな当り前のことにどうして今まで気が付かなかったんだろう。

インドは大好きで、インドを旅してると楽しいと思っていたけど、やっぱりまだどこかで人を見たらドロボーだと思ってたんだ。

ツーリストの中にはインドに来ていてもインド人を全然信用せず、インドを恐がって絶対一人では移動しないような人が結構いる。移動する時には誰か連れを見つけて、ツーリスト同士結束を固めて助け合うようだ。せっかくインドに来ているのに自分で心の中に国境を作り、バリアーを張ってインドに触れようともせず、大変勿体無い。そういうときはいくらインドにいてもインドは遠いのだ。

そしてインド人というのは、まるでこちらの心の状態を知るセンサーでも持っているかのように正確に対応を変える。相手が顔や言葉で何を言っていても、その人の心の状態を瞬時に見抜く、ある種の動物的な能力でも持っているようなのだ。だからインド人はそういう人には決して近付こうとはしないものだ。

そんなときインド人は冷たいように感じるものだが、実は自分が扉を閉めているだけのことで、こちらが扉を開ければ、開けた分だけインドはどこまでも受け入れてくれる。それはどこまでも深く受け入れてくれて、その変わり様はまるで奇跡を見るような思いがする。インド人の心の中には、国境はないような気がするのだ。

私の中にもないつもりでいた。だけどまだあったのだ。

それに日本では知らない人には声を掛けにくい雰囲気があって、こういう場合、誰かに頼むという発想が私にはなかった。多分、私達の社会はコミュニケーションに欠けているのだろう。

思えば、汽車の中でもいつも親切にしてもらっていた。いたいけな一人旅の女性にインド人は結構気を使ってくれる。席を譲ってくれたり、お茶をおごってくれたり、荷物を上げてくれたり、夕食を注文し損ねた私に周りの人全員が食べ物を分けてくれたこともあった。

そうだ。困ったときは周りの人に助けを求めればいいのだ。そうすれば人は必ず助けてくれる。こんな当り前のことに、私はやっと気が付いたのだった。多分、人間はもっとお互いに迷惑をかけ合ってもいいのだ。

こうして、又一つインドが弾けた。荷物の番を人に頼めるようになったら荷物管理の煩《わずら》わしさはなくなり、今まで敵だと思っていた人は味方になり、また一歩、インドは私を中に入れてくれたのだ。


二等寝台の座席は三段ベッドが向かい合わせになっていて、真ん中の段は昼間は下向きに倒して背もたれにしてあり、夜になったらそれを上げてベッドにする。だから昼間は三人ずつの向かい合わせの席になっているのだが、三人だけでゆったり座るということはまずない。夜になる前に降りる昼間だけの乗客が乗り込んできて座るから、大抵五、六人でぎゅうぎゅう詰めになって座っている。

夜になっても予約無しで乗車券だけで乗り込んだのか、その辺の床にごろごろ人が寝て、トイレにも行けないような混雑のときもある。

向かい合わせになった人達は、あんたどこまで行くの、から会話が始まって、すぐに一つのグループのようになる。

そしてたいてい私はアイドルになる。外人は珍しいのだ。インドの人は好奇心が旺盛だから、こういうチャンスには話をしたくてたまらないようだ。

周りの人が私を見ながら何かヒンディー語で喋っている。時々イングリッシュという単語が聞こえるので、何を言っているのか簡単に想像がつく。

「おい、こいつ何人だろうな。一人なのかな。あんた話し掛けてみろよ」

「いやあ、オイラ英語はあんまり得意じゃないからなぁ。そっちの人はどうだ」

「うーん、今一だな。ちょっと自信ないな」

「ひょっとしてヒンディー語分かるかな、いや、やっぱ英語だろうな」

「誰か英語の得意な人はいないか」

そしてしばらく話し合った後、多少英語が得意そうな人が代表で話し掛けてくる。

「フェア　ドゥー　ユー　カム　フローム？」

こうして私と代表者とで会話が始まり、代表者は一々皆に通訳して聞かせるのである。実にインド人の純真さというのは感動ものなのだ。

しかし、給料は幾らだ、家賃は幾らだ、これは幾らあれは幾ら、と一から十まで金の話ばかりする人も結構多く、こういうときは全く閉口してしまう。ついでに、

「日本人か、そうか。年は幾つだ。四十一か」

と、インド人の会話はこんな身の上調査から始まることもあり、こういう時はうっとうしい。

尋ねるほうは初めてでも、こっちはインドに来てから毎日のように同じことを訊かれているのだ。こんな汽車に乗ったりしたときは周りの乗客が入れ替わる度に同じことを何回も訊かれるの

で、終いには録音テープでも用意しておこうかと思ったりする。

「それで旦那はどうしているんだ。え？　四十一にもなって結婚していない？　どうしてだ」

インドには多分、結婚しない女というものはほとんど存在しないのだろう。ここのところ女性の社会への進出は目覚ましいものがあるそうだが、一般的にはまだまだ女性に経済的自立の道は開かれていないようなので、結婚する、しない、の選択肢のある女性はまだ少数だろう。その上まだ封建制度健在の国だから、結婚しない女というのは彼等にはどうしても理解できないようだ。分からないので不思議なのだろう。それは理解の外にあるのでしつこく理由を訊く。彼等は、結婚しないなら結婚しないだけの確固たる理由、あるいはやむを得ない事情を聞かないと納得できないようだ。

「いや、理由なんか別にないよ」

「そんな訳ないだろう。どうしてだ？」

知らない人と話をすると、しょっちゅうこういうことを訊かれるので、こちらはいい加減うんざりである。

「あのね、訊かないでくれる。おっちゃんには関係ないじゃん」

「おや、悪いこと訊いたのかな。でもどうしてだ？」

「ちょっとおっちゃん、しつこいんじゃない」

「あ、悪かったな。訊いたらいけないのかな。ところでどうしてだ？」

私はだんだん腹が立ってくる。

「あのね、さっきから止めてって言ってるんだけど」

「いや、これは悪かった。怒らせて終ったかな。それにしてもどうしてだ？」

ええい、ぶっとばすぞこの野郎！　縁がなかったんだから仕方ないだろう！

インドは話し合いの国である。しかし話しても分からない奴も中には居る。アイドルでいるのも大変なのだ。

いつも訊かれて面倒臭いので、結婚はしているが子供はいない、ということにした。すると今度は馴れ初めや旦那の仕事、歳、給料などを根掘り葉掘り訊いた後で、

「結婚して何年になるんだ。どうして子供がいないんだ。どこか具合が悪いのか。病院には行ったのか」

と、又してもうっとうしいのである。大きなお世話なのだ。インド人は結婚して子供が生まれてこないことには納得しない。彼等には子供を作らない夫婦というものも、これ又理解できないようだ。ここの国に住むって大変そう。

それで結局、人並みに結婚して子供もいるということにしたら、やっとそれで納得するのか、それ以上は突っ込まないということが分かった。しかし、

「日本ではガソリンはどれくらいするんだ」

「さぁ、私は車に乗らないから分からない」

「どうしてだ。旦那は乗るって言っただろう。家計を預かっていないのか」

などと言われ、やっぱり嘘をつくのは面倒臭い。

インドでは普通、年頃になったら結婚して子供を生むわけだから、彼等にとっては進んでそうしない人というのは考えられず、だから何かの事情でそうできない人がいるばかりなのだろう。だとしたら、結婚しないにしても子供がいないにしても、そこに喜ばしい理由があるはずはないではないか。どうしてこうデリカシーに欠けるのだろう。

もしも、結婚したかったんだけど婚約者が死んでしまって、ヨヨヨ、何てことを言ったら彼等はどう反応するんだろう。そういう人だっているだろう。そういうときは一生懸命慰《なぐさ》めてくれたりするんだろうか。あるいは、もしも私が結婚していてずっと子供が欲しいと思っているのに、授《さず》からないで悲しんでいたとしたらどうするのだろう。もしかしたらインド人のことだ、直にそこに居合わせた人全員で会議を始め、「あの薬草を試してみるといい」とか、「あそこの寺に御参りに行け」とか色々知恵を絞って、役に立つ情報を教えてくれるのかもしれない。うん、きっとそうだろう。多分、自分の身内のことのように心配して気遣ってくれるんだろう。今度試してみようかな。

インド人はおせっかいである。しかしそれは他人に関心を持っているということであり、熱い心があるということだ。他人に無関心なインド人なんているのだろうか。

インドではいつも寄ってたかって構ってくれる。世話を焼いてくれる。親切にしてくれる。だから一人で旅していても誰からも知らん顔されて一人困る、ということは絶対にない。ここはノープロブレムの国なのだ。

ヒンディー語を習い始めてしばらくして、昼間の二等の汽車に乗った。二等に乗ったときは大抵満員なので、最初から座席に座るのは諦めて、私は上の荷棚に座ることにしている。二等の荷棚は幅が広くて、荷物がなければ横になったりもできるし結構快適なのだ。

その時も学生のグループが話しかけてきて、私は分かるときはヒンディー語で答えていた。ヒンディー語を話し始めると、途端に周りの人の表情が変わる。彼等は私をただのツーリストとしてではなく、インドに好意を持っている人として見てくれるようだ。分からないときは英語で話していたが、その学生のグループは、例によって私達の会話を一々通訳して周りの人に教えていた。

会話が始まると下に座っていた人達の反応は色々で、それをきっかけに食い入る様に私を見つめて積極的に話に加わる人もいるし、恥ずかしがり屋さんは直接私には話さず、学生を通して何かを訊いたりする。全然無関心に外の景色を眺めている人もいる。

「ヒンディー語はどれくらい習ってるの」

「二ケ月です。バラナシに先生います」

するとざわめきが起こる。へー、二ケ月だってよ、大したもんだ、へー、先生いるんだってよ、とか言っているのが分かる。勿論、語彙《ごい》が少なくてまだ会話が成立するという程ではないが、少なくともこちらの話そうとしている努力は汲み取ってくれるようだ。

今までも汽車に乗る度に、取り囲まれるように話の中心になっていた。しかしヒンディー語をほんの少し話せるようになると、彼等の好奇心はくるりと好意でくるまれたものになった。今までと全然対応が違うのだ。それはそうだろう。日本でも外人さんが日本語を喋れば、ぐっと親近感を感じる。

「今からどこへ行くの」

「ジャハールカンディで降ります。そして仏跡に行きます」

と言うと、窓際に座っていたお爺さんが、

「わしも同じところだから、じゃあ一緒に行こう」

と、申し出てくれた。ありがたい。旅は道連れなのだ。地元の人が一緒なんて、こんなに心強いことはない。なんたって乗り換えが訳わからないんだから。

「インドを一人で旅してて何か困ったことはない？　悪い奴も一杯いるからね」

「はい。たまに問題あります。でもインド人親切です。いつも私助けます。それゆえ問題ありません」

これはお世辞でも何でもなく私の本心なのだが、こう言うと、皆とても嬉しそうな顔をする。そして下に座っていた、今までずっと会話に加わらず無関心に外を眺めていたおじさんが、

「降りてこい」と言う。どうしたのかなと思って降りると、彼は席を立って、

「私は次で降りるから、ここにどうぞ」

と、席を譲ってくれたのだ。

私は感動した。彼はすごい恥ずかしがり屋さんだったんだなぁ。ありがとう、と言うと彼は嬉

しそうにはにかんでニコッと笑った。

目的地のジャハールカンディに着くと、バスの乗り換えはお爺さんと一緒だったので、私はくっついて行くだけでよかった。楽ちん楽ちん。

お爺さんは大きなホテルの前に立派なバスが止まっているのを見つけてそこに近付いて行き、バスの横に立っていた従業員らしい人に話しかけた。

「このバスは仏跡に行くのかね」

「いや、行かないよ。止まってるだけだよ」

「そうか。ひとつ行ってくれないかね。実はこの日本人の女の子が、今から仏跡に行きたいって言っているんだよ。もう日も暮れてきたしね。お願いできないかな」

と、お爺さんは一生懸命頼み始めた。

多分お爺さんは、慣れない外人の私を少しでもいいバスに乗せてあげたい、と思ったのだろう。だけどお爺さん、これはどう見てもここのホテルに泊まっている団体さんか何かの専用のバスだと思うんだけど。

「この子はね、日本からわざわざ来て、仏跡巡りをするため今日は私と同じ汽車で朝の九時から十時間も揺られてここまで来たんだ。一人で旅してるんだよ。今までにもう六ケ所の仏跡を廻って、今日はクシナガルから来たらしいんだ。女一人で大したもんだね。もう何ケ月もインドを廻っているらしいんだ。それでも結構皆に良くしてもらって、あんまり困ることはないらしいけどね。日本では何かの会社に勤めていたみたいだよ。どういうわけかまだ結婚はしていないらしいんだがね。どうしてだろうね、いい子なのにね。わしがお茶を奢ってあげると、この子はお返しにパコラ（揚げたスナック）を奢ってくれたんだよ。いい子なんだよ。この子は仏跡巡りがしたくてわざわざ仕事まで辞めてインドに来たんだ。いや、あんまり給料は良くなかったらしいけどね。それでも帰ったらどうするか、仕事見つけるのは結構大変らしいんだよ。インドが好きでヒンディー語まで習ってるんだよ。今までも何回かインドに来たことがあるらしいんだ。初めてきたのは、もう十六年前だってよ。それからずっと来てるんだ。インドが好きなんだね。今から仏跡まで行くんだ。ひとつ乗せて行ってくれないかね。このバスはちゃんと動くんだろう。あんた運転できるんだろう。なんとか頼むよ」

どうもこういうことを言っているようだ。何て人情味に溢れた話なんだろう。私の身の上話から始めるなんて。

だけどお爺さん、一生懸命頼んでくれているのは分かるけど、このバスはどう考えても行ってくれないと思うけど。私より訳分かってないみたい。

「お爺さん。話は分かったけど、このバスは出せないよ。あの道の向こうにローカルバスの乗り場があるよ」

「おお、そうか」

そして無事に乗り合いバスを見つけると、お爺さんは運ちゃんにさっきと同じ口上を述べ、

「女一人だから宜しく頼むよ。着いたらちゃんと降ろしてくれ」

と、私のことを運ちゃんに頼んでくれて、私には、

「もうすぐ出るからね。料金は十ルピーだよ。着いたら降ろしてくれるように頼んだから心配ないよ」

と言って去って行ったのだ。

彼はここまでだったのか。そうか、わざわざ私のためにバスを探してくれたんだ。何て優しいんだろう。

バスは客が集まらないと出ないので、三十分たってもまだ止まっていた。するとあのお爺さんがどこかで見ていたのか又戻って来て、

「もうすぐ出るからね。心配無いよ。ちゃんと行くからね、このまま待っていればいいよ」

と言って気遣ってくれるのだった。何て感動的な優しさなんだろう。


やっとバスが走りだし、そのうちにバスはギュウギュウ詰めの満員になった。私の座っている横にお爺さんが立っていたので席を譲ろうとすると、

「大丈夫だよ。あんたは女だからあんたが座っていなさい。ノープロブレム」

とにこにこして言う。

それでも何だか悪い気がするので立とうとすると、周りの人全員が私の方を見て微笑みながら、

「ノープロブレム。ノープロブレム」

と言うのだった。

何て暖かいんだろう。

一時間ほどして降ろされたところは右も左も分からない真っ暗な村だった。もうすっかり日が落ち、街灯さえなく、どこが道なのかさえ分からない。こんな中でどうやって泊まるところを探したらいいんだろう。

途方に暮れていると、ハローハロー、と声がする。見ると小さなろうそくの明かりが点ってい
て、お茶屋があるらしい。私はそこへ行って声をかけてくれたおっちゃんの隣に座り、取り敢えずお茶を飲むことにした。こういうときは地元の人に尋ねるのが一番なのだ。

私がヒンディー語で話し始めると、おっちゃんは、「ヒンディー語が分かるのか!」と驚き、私のことを、まるで遠い国からわざわざ自分を訪ねてきた古い友人のようにもてなしてくれた。そして、

「泊まるところを探してる? 大丈夫だ。すぐ近くに泊まれる良いお寺がある。任せておきなさい。ノープロブレム」

と、わざわざ私をお寺まで連れて行ってくれた。そしておっちゃんは、私がお寺の人と話をしている間にもうどこかに消えてしまっていたのだった。何て親切なんだろう。

インドではいくら一人で旅していても、一度も一人ぼっちでいたことはなかった。助けてくれる人が次々と現れ、いつもいつでも私は沢山の私達だった。地図もガイドブックも持っていない旅だから、出会う人に先の情報を訊きながら旅を続けてきた。移動する度に、もしこうなったら

どうしよう、ああなったらどうしよう、と心配があっても、その心配が現実になったことは一度もない。

いくらガイドブックを持っていたとしても、地元の人の助けなしに旅なんかできるものではない。日本には、お陰様、という美しい言葉があるが、インドに来てしみじみその意味を噛み締めるのだ。

この国では何が起こっても絶対困ることはないだろう。必ず誰かが助けてくれる。凄い国だ。ノープロブレムなのだ。

そしてヒンディー語を話し始めて、又魔法のように新しい扉が開いた。ほんの少しヒンディー語を喋ったくらいでこんなに親切にしてくれるなんて、この国はいったいどこまで深いんだろう。まだまだ奥がありそうだ。それどころか、もしかしたら自分は、やっとインドの入り口に辿り着いたばかりではないかという気がしてきた。それはまったく目を見張るような思い。やっぱりインドは底無し沼だ。

知らなかった。インドってこんなに優しかったんだ。こんなに優しい人がいる国に、私は初めて来た。

いつも周りの人に助けられて、だから、いつも訳が分からない移動でも、いつもどうにかなっている。目的地に着いた時には大変だった事は全てコロリと忘れて、良い事しか覚えていない。

そしてしばらくすると性懲《しょうこ》りもなく、又どこかに移動しようかな、と思い始めてしまう。

こうして何の因果か、私は大嫌いなはずの移動を続けて旅をせずにはいられないのである。

# お釈迦様に連れられて

ヒンドゥーの聖地巡りの後、長年の夢が叶《かな》って、今度は仏教の聖地巡りに出掛けることができた。私は正月は神社に行き、葬式には寺の世話になる日本人だから、宗派には拘らない。聖地はどこでも好きである。

仏教の聖地には、タイ、チベット、韓国、日本など、いろんな仏教国のお寺が建っているので、そこに泊めてもらって朝夕の勤行《ごんぎょう》に参加させてもらうことができ、これがなかなか良い。

お釈迦様が初めて説法された場所では何日か滞在した。

ここでは夕方の勤行の時間は、今日はこっちのお寺、明日はあっちのお寺、と毎日違うお寺を廻ってお経を楽しんでいた。勤行というのは私にとってはコンサートなので、私はこれが大好きだ。そして各国のお経はそれぞれメロディが違っていて、どこもそれぞれ良い。

しかし私は日本人なので、日本寺では自分自身でもお経をあげることができ、勿論これが一番良い。

ここの日本人の和尚さんは面倒見のいい物の分かった人で若者の間で人気があり、ここにはいつ行っても数人の若者が滞在している。和尚さんの魅力に惹かれて長期滞在して修行しているツーリストもいる。しかもお金は一切取らないので、自分のできる範囲でお布施すればそれで良い。

ここの日本人の若いお坊さんもそんな一人で、ふらっと立ち寄ったこの日本寺で仏教に目覚め、とうとう出家してここに住み着いてしまった人だと聞いた。

夕方、そのお坊さんや若者達と一緒に勤行に参加して、力強い太鼓の音に合わせて力一杯大声で歌うと、実にすがすがしい気持ちになる。

毎日一回お腹の底から大声を出すだけでも気分がすかっとして目の前が明るくなり、うじうじ悩んだり、人を恨んだりする心は起こってこないんじゃないかと思う。実に手軽な健康法である。しかも言葉にはそれ自体に力があるから、同じ大声を出すのでも、バカヤローと叫んだり流行の歌を歌ったりするのとは訳が違う。お経というのは、まさしく極楽の世界の扉を開ける呪文なのだ。

日本のお寺では見知らぬ旅行者を寺に泊めて勤行に参加させてくれたりはしない。今の若者は、生きるとはどういうことなのか、自分とは何なのか、というような事を真剣に考えている人が多いような気がするが、日本にはその受け皿が無い。だから、ここでは実に貴重な素晴らしい体験をさせてもらえる。

ブッダガヤでは、お釈迦様が悟りを開く前に何年も篭《こ》もって苦行したという前正覚山にも足を伸ばした。

現地の人に尋ねてみたところ、そこに行くのはバスは不便なので、オートリキシャなどをチャーターして行った方が良いということだった。しかし一人では高く付くので誰か一緒に行く人を探していたのだが、これがなかなか見つからない。声を掛けた人は皆、もう行った、とか、僕は自転車で一人で行きます、とかいう人ばかりなのだ。

毎日カーラチャクラで忙しく、時間的にも余裕がないし、連れは見つからないまま日にちばかりが過ぎていく。どんな場所でも呼ばれないと行くことはできない。これは縁がないのかもしれない。

とうとうあさってはここを出るという日の朝、もう行くのは諦めようかな、と思っていたのだが、思いがけず連れの人は向こうから来てくれた。

その日はいつも朝食を食べていたお気に入りの屋台が休みだったので、ちぇ、今日は朝からツイてないなぁ、と思いつつ、仕方なく別の店に入ったのだ。すると同じ店にいた日本人の男の子が話し掛けてきたのだった。

「あの山どうやったら行けるか知ってます?」

「ああ、あの山ね。バスは不便だからオートになるみたいですよ」

「そうですか。でも遠いですね。高く付くだろうなぁ」

「そうね、だいたい往復で四百ルピーくらいって聞いたけど」

「うーん。誰か一緒に行ってくれる人がいればいいんだけど」

「あら、実は私も行きたいと思ってるんだけど」

「え。ほんと。じゃ一緒に行きませんか」

と、すぐに話はまとまり、彼は明日にはもうここを出るということだったので、私達はその足で出発することになったのだ。万歳！　今日はツイてたんだ。お釈迦様が呼んでくれているぞ。

彼は料金交渉が上手みたいで、私が宿に必要な物を取りに帰っている間に、何と相場の半分の二百ルピーまで値切ってチャーターしてくれていた。

のどかな田舎道をオートで走り、お釈迦様が篭《こ》もっていたという洞窟の中に入ってみた。ひどく蒸し暑かったのを覚えている。

かつてここに真実を知るために全生命を賭けた人が実在していたんだ、という事実が実感として感じられた。

遠い遠い昔の、伝説のようなお釈迦様。

お釈迦様に関するお話を色々読んでみても、それは本の中での話としてしか受け取れなかったのに、その人の存在をとても身近なものとして感じるのだった。その人は確かにここに存在し、ここに生きていたのだ。

お釈迦様は毎日毎日ここに篭もって、どうやったら悟りが開けるか、ということだけを考えていたのかなぁ。お釈迦様にも苦しんだ時期があったんだ。お釈迦様は、もしかしたら自分は悟りを開けないんじゃないか、なんて思ったことはあったのかなぁ。

山から見る風景は、どこまでものんびりしていた。お釈迦様が目覚めた人になる前の、一人の人間の情熱に触れて、お釈迦様がとても身近に感じられた良い体験だった。

そうか、お釈迦様は最初からお釈迦様だったわけじゃないんだなぁ。

ブッダガヤに戻ったとき顔見知りのインド人に、前正覚山まで二百ルピーで行って来たよ、と言ったら、え、二百ルピー？　と他のインド人達とわーわー騒いでいた。その日は何人ものインド人から、あんた二百ルピーで行ったんだってな、と声を掛けられ、改めてインド人の情報の速さに驚いたのだった。

お釈迦様が晩年好んで説法をしたという場所、霊鷲山から見た夕陽は綺麗だった。

ここは馬車が主な交通手段というのんびりした村で、村のメインロードを派手に飾りつけた馬車がパコパコ音を立てて走っていくのを見るのは、なかなか風情《ふぜい》があっていい。

宿から霊鷲山までは遠いので、乗り合いの馬車があると聞いて探していたのだが、どこから出ているのか分からない。乗り場を探して一人ぷらぷら歩いていると、馬車のお兄さん達が声を掛けてくる。

「シャンティストゥーパ？」

「違う、霊鷲山に行きたいんだけど」

しかし日本語で言っても通じる訳がないし、霊鷲山をここらでは何と呼ぶのか知らない。困ったな。

しかしそのうち、霊鷲山の上には日本寺が建っていて、それをシャンティストゥーパと言うらしい、ということが分かってきた。つまりシャンティストゥーパで良かったのだ。考えてみれば、こんな田舎に他にもそうそう観光スポットがあるわけはないではないか。

「シャンティストゥーパ？」

歩いていると空の馬車が次々と声を掛けてくる。

「うん、そう。幾ら？」

「百ルピー」

高い。と、そこへまた別の馬車が来る。

「シャンティストゥーパ？」

「そう、幾ら？」

「五十ルピー」

え、さっきの半額じゃん。相場は分からないけど、とりあえず三十ルピーに値切ってこのお兄さんの馬車に乗ることにした。安い乗り合いで良かったんだけど、これ以上探すのも面倒臭い。

乗ってみると馬車というのは実に気持ちが良い。風が心地良いし馬の蹄《ひづめ》の音もいい。何より、このゆっくりしたスピードがいい。パッカパッカパッカ。

自分の呼吸と同じ早さで時間が流れていく。周りの景色もゆっくり楽しめる。鼻歌でも歌いたくなるような良い気持ち。

私達は普段、どうしてあんなに何かに憑《つ》かれたようなスピードで人生を駆け廻っているんだろう。目的地へ着くことだけが目的で、そこへ至る時間は無駄なのだろうか。こうして馬車に乗っていることを楽しむこともできるのに。

田舎の道を一人、馬車に揺られていく霊鷲山。わーい。旅してるんだなぁ。パッカパッカパッカ……。

お兄さんはヒンディー語しか話さなかったけど、親切に色々ガイドしながら走ってくれた。ヒンディー語習いたての私は人によって分かったり全然分からなかったりするんだけど、何故かこの人のヒンディー語は殆ど分かった。

霊鷲山のお釈迦様が説法したという場所では、偶然私と同じ出身地の団体さんに出会い、久しぶりに故郷の言葉で話をして嬉しかった。

後で知ったのだが、ここはこういう旅行者を狙ってたまに強盗が出るということで、二人の警察官が付いてきてくれていた。驚いたことに、英語のほとんど通じないこの村で、見るからに人の良さそうなこの警察官二人は片言の日本語を喋ったのだ。

「どうして日本語を喋るんですか」

「あんたこそ、どうしてヒンディー語を喋るんだい」

そして三人で笑ったが、それだけ日本人が沢山来ているんだろうな。はるばるインドまでやってくるなんて、随分熱心な人が多いんだなぁ。

スリランカ人のグループにも誘われて、一緒にお経をあげる輪の中に入れてもらった。スリランカの人も熱心な人が多いようで、このグループは毎年来ているそうだ。私は今年で十一回目なのよ、なんて人もいて、実に羨まぴーのである。

山の上から見た夕陽は、あたりを優しく染めながらゆっくり沈んでいった。本当に来られて良かった。

夕陽を見て山を降りるともう真っ暗になっていて、馬車のお兄さんは待たされてすっかり怒っていた。一時間の約束が三時間も待たせてしまったんだから仕方ない。でも、怒らないでください、とヒンディー語で言ってお茶を奢ると、お兄さんはニッと笑った。そして話し合った後、あと十ルピー上乗せする事にして丸く収まったのだった。

ずっと後になって知ったのだが、このシャンティストゥーパへの乗り合い馬車は片道が十ルピーだったそうだ。じゃあ、一人で貸し切った上、三時間も待たせて往復で四十ルピーしか払わなかった私は、随分お兄さんを安く使ってしまったんだなぁ。知らなかったとはいえ悪いことをしてしまった。

その二日後、私は宿をチェックアウトしてお茶を飲みながらバスを待っていた。しかしお茶屋のおっちゃんに訊いても、もうすぐ来るよ、と言うばかりでバスはいつまでたっても来ない。そして二時間ほど待った後、ラジオで言っていたのか、今日はストでバスは動かないらしいよ、と言う。

この国は実にツーリスト泣かせなのだ。こんな風に何の予告もなくいきなりストが始まり、訳の分からない場所で足止めを食ったことが今まで何回あっただろうか。

もうすぐビザが切れてしまうのにバスよ動いてくれー、と言ってみたところで仕方ない。来ないものは来ないのである。こういう場合は速やかに予定を変えるしかない。ノープロブレム。

もしかしたら夕方動きだすかも知れないというので、私はお茶屋に荷物を預けて、この村のもう一つの観光スポット、温泉に行ってみることにした。この前通ったので場所は分かっている。

馬車に乗るほどの距離でもないので、のんびりと田舎道を歩いて行くことにした。

ところが温泉の入り口に着いたとき、客待ちをしていた、この前の馬車のお兄さんにバッタリ会ってしまったのだ。

「やあ、今日もシャンティストゥーパに行くかい？」

え？　何言ってんの。二回も行ってどうするの。今日はここ、私は温泉に来たのだ。

しかし、行かないよ、と言うつもりが少し迷った後、口は勝手に、そうね、行こうかな、と答えていた。実はこのお兄さんは私の好みのタイプだったのだ。それは温泉に入るよりいい男とデートした方がいいに決まっている。

パッカパッカパッカ。そして又気持ちの良い馬車の上。隣には何故か言葉の通じる好みの男性。うーん、これもお釈迦様のお導きかも知れない。

霊鷲山の麓《ふもと》で馬車を降りて、「じゃ今日も三時間後にね」と言うと、お兄さんはあははと笑った。

お釈迦様が沐浴《もくよく》をしたという大きな池がある仏跡の思い出は、その池のほとりのお茶屋さんである。

ここも巡礼といってもバスに乗った団体さんしか来ないようで、一人でお茶屋に来る外人なんか珍しいのだろう。お茶屋に座ると私はすぐに好奇心旺盛な村の人達に取り囲まれた。みんな弾けるような人なつこい笑顔をしていた。

「ようこそインドへ！　どこから来たの？」

「日本」

「そうか、ここの日本寺はもう行ってきた？　宿泊もできるんだよ。日本人の優しいお坊さんがいるよ」

「ええ。でも私が泊まってるのは別のお寺」

「アショカ王の石柱にはもう行ってきた？」

「いえ。私の泊まってるお寺のお坊さんが自転車を貸してくれたので、今から行ってみるところです。どう行ったらいい？」

「あの道をずーっと真っ直ぐ行けばそのうち見えて来るよ。周りには柵がしてあって中に入るのはお金がいるけど、別に何もないから外から見るだけで十分だよ。ここから四キロ位だよ」

皆、私が遠い国からわざわざこの村にやって来たことが嬉しくてたまらないようで、何とかこの訪問者に親切にしてあげたくてたまらない、といった様子だった。皆で寄ってたかって色々なことを教えてくれようとする。

親切に教えてもらって、石柱まで村の中を自転車で走る。そこには緑に囲まれた風景の中に村の人々の暮らしが展開していて、子供達は寄って来て手を振った。

言われた通り柵の外から石柱を眺めていると、中に入ろうとしない外人をいぶかしげに見ながら門番のおじさんが出て来て、それでも色々と説明してくれた。

石柱から戻った後、私は又お茶屋に寄った。

「有難う。ちゃんと行ってきたよ」

「それはよかった。中には入らなかった？」

「うん、ほんと。外から見るだけで十分ね」

と言うと、彼等は自分達が教えた情報が役に立ったことが嬉しくてたまらない様子で、又にこにこ笑うのだった。

「ここは綺麗な村だろう。この人は村長さんだよ。この人は学校の先生で僕はエンジニアなんだ」

と、次々紹介してくれてナマステと挨拶し合い、何十人もの人の笑顔に囲まれて、何だか私は、自分が日本代表でインド人達と草の根の交流でもしているような気分になったものだ。

子供のように無邪気に笑って、心から親切にしてくれたここの村の人達の笑顔を私は今でも覚えている。どうして初めて会った見知らぬ人間に向かって、あんなに嬉しそうに笑うことができるんだろう。

初めてインドに来たとき、インド人の目はナイフのように鋭く感じた。だけど今はみな笑っているように見える。皆が歓迎してくれているように見える。

私にとってインドは笑顔の国だ。そしてインド人は、日本人には絶対にできないような弾けるような笑顔をする。

もしかしたら、インド人というのは底抜けにお人好しなんじゃないかと思ってしまう。

ここには日本寺もあったのだが、知らなかったので別の国のお寺に泊めてもらった。ここにはお坊さんが一人だけで住んでいて、私が宿泊を乞うと、お腹がすいてるだろうと言って、彼はすぐに台所に案内してくれた。

「野菜はここにあるから好きなものを使っていいよ。調味料はここ。久しぶりに自分で日本の料理でも作ったらいい」

「え。私が作るんですか」

「そうだよ」

私は料理は苦手なのだ。変なものをお坊さんに食べさせるわけにはいかないし、困った。

「いや、私はもう食べたんだよ」

そうだったのか。自分が料理するのをサボりたかったわけじゃないのね。優しい気遣いだなぁ。

「お米はここだよ」

「こっちの袋は何ですか」

と何気なく尋ねると、彼は私がそっちの袋に興味を持ったと思ったのだろう、

「これは私の国のお米。こっちを食べたいですか?」

と言うなり、お坊さんはまだ封のしてあった新しい袋を惜しげもなく開けた。さすがお坊さんである。これが布施の精神なのだろう。私だったらわざわざ新しいのを開けるのは嫌なので、きっと黙っていると思う。

仏跡によっては、遺跡公園に入るのに百ルピーもの入場料を取る所がある。

ある仏跡でお寺に泊めてもらったとき、インド人は五ルピーなのに外人というだけでこんなに

取るなんてけしからん、観光地ならいざ知らずここは巡礼地なんだぞ、と怒っていると、そこで泊めてもらったお寺のお坊さんは、これをどうぞ、と言って、何と私に百ルピーを差し出したのだった。さすがにこれは受け取れなかったが、お坊さんというのは偉いものだ、とつくづく思ったものである。

相手の欲しがる物、相手に必要と思われる物は積極的に与えよ、という教えがあるのだろう。それを布施と言うのだろうが、それでは布施というのはつまり、思いやりが形になったものに違い無い。

ここらあたりはインドでも貧しい地域らしく、お坊さんはボランティアでちょっとした病気や怪我の治療などもしていて、私がいた間にも何人か村人が薬を貰いに来た。

「いいかい。まず患部を洗って、この薬を水で溶いて塗って、それからこの錠剤を一日一回飲むんだよ」

「分かった」

「何が分かった？　もう一回言ってみて」

「………」

実は全然分かっていない。村人は薬をもらいさえすれば、それで怪我は治るとでも思っているようだ。

「問題だ。全く問題だ。ここらの人は貧しくて学校にもいけず、自分の名前さえ書けない人が沢山いるんだ」

と言って、まるでそれが自分の責任でもあるかのように、お坊さんは深いため息を吐いた。

お金である程度の可能性は買える。ここの村人は子供のときから肉体労働をして、そしてそのまま一生を終わるのだろう。

私は自転車に乗れるし泳ぎもできる。英語もEメールもできる。縫い物もできるし、コイルヒーターが壊れたら修理もできる。時刻表だって読めるし、その上一人旅までやっている。この女性から見たら、私はスーパーウーマンかもしれない。


お釈迦様入滅《にゅうめつ》の地では、まるで豪華ホテルのような宿泊施設を持った大きなお寺もあって驚いた。ここではお茶屋にはいってナマステと言っただけで、ヒンディー語が喋れるのか、と驚かれ、こっちのほうが驚いてしまう。

ナマステというのは、インドに来た旅行者が一番に覚える言葉である。この大きなお寺が沢山あるところを見ると各国からの巡礼はかなり多いと思われるのだが、やはり団体で来て専用のバスで移動するタイプの人達が多いのだろう。ナマステの一言さえ覚える間もなく、インド自体には何の興味も係わりも持たずに仏跡だけをまわっているのだろう。

世の中には忙しくて時間のない人も多い。だからそういう旅はそれでいいのだが、彼等は、実は自分達が犯していった小さな罪に気付いていない。

仏跡巡りをして感じたことは、あまりに大きな立派なお寺が建っていて、それがその土地にそぐわないということだ。そしてそういう場所では、道を歩いていると小さな子供たちが、まるで蝿のようにまとわりついてきてお金をねだる。

かつては純真だったに違いない子供達を、旅行者と見れば札束のように思うおもらいさんにしてしまったのは、今までこの土地に来て安易に小銭をばら撒いていった旅行者達なのだ。

かつては幸せに暮らしていたに違いない村の人たち。それが大型バスで乗り付け、高級ホテルのようなお寺に泊まり、綺麗な服を着てビデオやカメラなどの高級品を持ち歩き、高価なお土産品を買い、簡単にお金をばら撒く旅行者を見て、彼等は突然気付いたのだ。自分達が貧しいということに。

その上その旅行者達は軽蔑と同情と哀れみの込もった目で自分達を見る。善意の優しい施しでますます自分達を貶《おとし》めていく。

お金をねだりにくる子供たちは特に汚い身なりをしているわけでもなく、まるで有名人にサインを求めて群がる人のように、物乞いをすることに何の抵抗もないような様子でギブミーワンルピーと屈託無く寄ってくる。彼等は自分たちが誇《ほこ》りを無くしてしまったということにさえ、まだ気付いていていないのだ。

今はまだ無邪気でも、そういう子供たちがこのまま育ったらどういう大人になるのだろう。やはりお金持ちの旅行者からお金を取ることを考える、旅行者相手の仕事をするんだろうか。

ある仏跡にはやたらと日本語の上手なインド人が多くて、彼等はまず日本人に親切にしておいて恩を売る。仏跡の案内をしてあげるとか、お茶を奢って上げるとか、ただで手相を見てあげるとか。そして仲良くなった頃、ちょっと困ったことが起こってお金が必要だから助けてくれ、と言って何かを売りつける。日本人は恩に弱いということを彼等は知っていて、初めからそのつもりで近付いて来るのだ。

そしてそういうふうに人を騙すことを考えている人の目というのは、例外なく暗い。だから、そこの日本語を喋るインド人もいくらにこやかな笑顔を作っていても、目だけは不気味に淀《よど》んでいる。

あの子供たちも、将来そういう光の失われた目を持った大人になっていくのだろうか。

金に目覚めた瞬間、彼等は魔法にかけられて、今まで自分達が幸せだったということを忘れてしまう。突然全てが見えなくなってしまう。

金がない、と意識がナイの方を向いてしまった瞬間、彼等の中からアルはかき消えてしまう。自分がいる。生きている。家族がいる。友達もいる。世界がある。食べ物がある。星空が、水が、太陽がある。畑が、家が、服がある。未来がある。健康な身体も平和な暮らしもある。沢山の沢山のアル。

あまりに沢山のアルの中で、神様の恵みの中で暮らしているのに、一度ナイの方を見つめてしまうと、もう与えられている恩恵には気が付かなくなってしまう。気付かないということは、ナイというのと同じことなのだ。

そして一度心がナイの方を向いてしまったら、後は何をどれだけ手に入れても決して満足はしない。もっと欲しい、まだ足りない、と常にナイの意識があるだけだ。私達のように。

だから訪れた国の物価も考えずに、たとえ善意でも、あら、貧しそう、かわいそう、と安易な気持ちでお金を上げたりしない方がいい。軽い気持ちでお金を上げると子供たちは軽い気持ちでお金をねだるようになり、最初は真似事だったのが、次第に本物の物乞いになってしまうかもしれない。そしてそれが更にエスカレートして、人を騙してでもお金が欲しいと思うようになるかもしれない。

実際、インドに来て騙されたという学生さんに何人か会った。

彼等の話によると、最近はデリーに着いた途端、空港から乗ったタクシーに怪しい旅行代理店に連れて行かれて騙される、というのが流行っているらしい。インド一周の乗り放題の汽車の切符が十万円とか、アーグラー、ジャイプールツアーが五万円とか。

え？　じゅうまんえん？

私は耳を疑ってしまう。頭の中がすでにインドの物価になっている私には、目玉が飛び出そうな信じられない金額である。そしてそれを聞いた時、最初に私の頭に浮かんだのは次のようなことだった。

「私にも騙せるかもしれない」

日本人は仕事をしている間はロボットになるので、客を見て値段を変えようなどとは思いもしない。お釣りを確かめなくても安心な国というのは、世界中で日本だけかもしれない。しかしインドにいるのは血の通った人間なので、お金持ちを見るとちょっと余計に取りたくなる人もいるのだ。

インド人の悪い奴等も多分初めは一万円くらい騙していたに違いない。これだって彼等にしてみれば大金だ。しかし思ったより簡単に騙せてしまう。それでもうちょっと値段を上げてみる。それでも騙せる。え？　と驚き、今度は試しに十万と言ってみる。それでも騙せたときに、うわー！　と感動して、これは騙さなくっちゃー！　と彼等の未来がバラ色に輝いたとしても不思議ではない。世の中には十万ものお金を簡単な嘘でポンと出す人がいるんだ、と知った時の喜びがどれ程のものか、想像するのは難しいことではない。

まだ世の中のことがよく分かっていない無垢《むく》な子供には、誰でも親切にしてあげようと思うだろう。しかし、もしもその子供がその価値も使い方もよく分からずに大金を持っていたとしたら、それを騙し取ってやろうと思うのは割と普通のことのような気がする。世の中は聖人だけで成り立っているわけではないのだ。

彼等は自分達の何十年分の給料に匹敵するお金を持ってインドにぷらぷら遊びに来ているのだ。ちょっとくらい分けて貰ったってバチは当るまい。こんなふうに考えても不思議ではない気がする。

どこでもそうだが、観光地には観光客擦れした悪い人が多い。しかしそういう人を作ってしまったのは他ならぬ私達ツーリストであり、そういう意味で、もしかしたら彼等は被害者なのかもしれない。誰だって本当は悪い人なんかになりたくはないはず。

初めて海外旅行に行く皆さん。物価の違いを良く認識しましょう。

次の仏跡に行ったときは更に驚いた。掘っ立て小屋のような小さな家がちまちま並ぶ何もない田舎に、幾つも、ドッカーン！　という感じで、腰を抜かしそうに巨大な各国のお寺が建ち並んでいたのだ。

私はここには十年ほど前に来たことがあったのだが、そのときは仏跡と、その前に建っている簡易宿泊所以外は何もない、ただの田舎だった。それがこの変わりよう。あまりに巨大な建物が、全くこの土地とそぐわない取って付けたような違和感で、一体ここはどこ、という感じになってしまった。

ほんの一ケ月ほど前に日本寺が建ったということで、本当はそちらに泊めてもらおうかと思っていたのだが、仏跡からこの日本寺までは何と六キロもあるという。六キロというのは、ちょっとそこまで、と散歩気分で歩いて行ける距離ではない。つまりこれはローカルバスを乗り次いで歩いてやってくる個人旅行者のためのものではなく、専用のバスで動き廻る団体さんのための宿泊施設なのだ。

お四国を遍路して歩いていた時、お寺には宿坊があるところも多いのだが、実際には宿泊を断られることの方が多かった。たまたまその日、団体さんの宿泊客があるときはついでに泊めてくれるが、たった一人のために夕食を作ったり風呂を沸かしたりするのは面倒だからだろう。今の宿坊は遍路の便宜のためにあるのではなく、ただ営利目的のためにあるように感じた。

そして、どうもそれと同じ現象がここでも起こっているような気がするのだ。今はもしかしたら巡礼というのは世界的なブームなのだろうか。

ここで変だと思ったのは、どこの国のお寺も巨大なのに、お坊さんは殆ど見かけないのだ。これは宿坊のあるお寺というよりは、お寺もあるホテルと言った方が正しい気がする。団体さん達も巡礼の旅に来たからには、普通のホテルに泊まるよりはお寺に泊まった方が満足するに違いない。

ここからローカルバスに乗って近くの別の仏跡にも行ってきたのだが、そこは遺跡公園の周りを囲んである柵は破れて勝手に野良牛は入って来るし、草は伸び放題で荒れるに任せるといった感じ。これがお釈迦様の時代から大切に守られてきた遺跡なのだろうか。

そして中を歩いていると、警備員らしき人が寄付をお願いに寄って来た。

「わしらも大変なんだよ。昼も夜も泥棒を見張って」

「は、泥棒? だってここにあるのはただの遺跡、古い煉瓦《れんが》のかけらだけでしょう。何か盗まれるものがあるんですか?」

「その煉瓦を持って行く奴がいるんだよ。貧乏人が自分の家の修理をするのにね」

……絶句。

何とこの貴重な人類の遺産を、二千何百年の歴史を持つこの遺跡の煉瓦を、自分の家の修理のために持っていく人がいるというのだ。まったく開いた口が塞がらない。そこまで貧しい人がいるのか、この土地には。

そして、そんなに貧しいらしいこの場所に建っている各国のお寺は、まるで御殿かと見紛うような、あるいは空から降りてきたUFOがそこにいるのかと目を疑うような、豪華で巨大なものばかりなのだ。

建物は美しいのに、私がこの風景を醜いと思うのは、余りにこの土地にそぐわないからである。現地の人の生活と掛け離れていて、調和を欠いているのだ。

もしも私がこの土地に住んでいてごく標準的な質素な生活をしていたら、自分には決して手の届かないこの別世界の大きなお寺と、そこにやって来る人達を、憧れながらも憎むだろう。目の前にあるのに自分が絶対に係わることのできない世界があることに打ちのめされるだろう。自分が手に入れることのできないものをさも当然のように持っている人々を、指をくわえて見ている以外何もできないことを惨めに思うだろう。

インドには超大金持ちから目を被《おお》うばかりの貧しい人までがいて、心優しいツーリストは貧しい人に同情して憤慨したり、その人達のために何もしてやれない自分の無力さに打ちひしがれたりしている。しかし世界規模で見れば、日本は、今この瞬間にも飢え死にしている人がいることを知りながら、のうのうと食べ残しているお金持ちの側なのだ。

しかし、だからといって巡礼者は土地の人と同じように質素なところに泊まるべきであるとも思わない。醜いのは、多分この風景そのものではなくて、私達の国の間に存在する経済格差、世界のあり方の歪みなのだろう。

お寺に泊めてもらうとき大抵は決められた宿泊料はなく、自分の気持ち分だけをお寺に寄付していくのが普通である。だからお金に余裕のない人は、ほんの少しだけしか渡さなくても、お坊さんは皆できた人だから文句は言われない。

しかしその度にあれこれ迷うのが常で、うーん、ここは部屋は今一だけど食事付きだったし、お坊さんも親切にしてくれたし、三百ルピーくらいにしとこうかなぁ、いや、こっちの懐だってそう暖かくはないから二百ルピーにしようかなぁ、でもあんまりけちと思われるのも嫌だなぁ、などと、どうでもいいことを悩んでしまう。

あるお寺では心付けを渡そうと事務室に行ったら、事務員さんが、あそこの寄付金箱の中に入れておいて下さい、と言う。それまではお世話になりました、と言って直接お坊さんに手渡していたのだが、ここでは入れたければ勝手に箱の中に入れろと言う。

え、誰も見てないところで入れるの？　ということは幾ら入れたのかわからないし、入れても入れなくても分からないってことじゃないの。

ここで私の考えはまたペキッと翻る。

三百ルピー用意してきたけど、誰も見ていないんなら二百ルピーにしようかなー。

そして、すぐにそういう考えが頭をよぎったことに私は自分で焦ってしまうのである。

天知る地知る己知る。誰も見ていないところで何をするかが問題なのだ。いや、いかんいかん、と用意した通りの三百ルピーを私は勇気を出して箱の中に入れたのだが、その後で又しても、やっぱり二百ルピーでも良かったんじゃないのかなー、などと後悔し、心の平和を失うのであった。

実にお金というものは魔物である。外人と見ればぼったくるインド人の気持ちがよく分かるよ。

しかし全ては心の持ち方一つ。自分次第で自由自在。幸福も不幸も全ては心の中にある。天国も地獄も自分が心の中で創り出すものなのだ。このお金という紙切れのために、どれだけ沢山の人が不幸になっていることか。

また別のお寺に泊まったときは、随分親切にしてもらった。その村では泊まっているところから食堂までが遠かったので、私はお坊さんに食事付きでお願いできないかと頼んでみた。お坊さんだって御飯は食べているのだから、その残りでも少し分けてもらえれば助かるのだ。お坊さんは快諾《かいだく》してくれ、食堂にいってみたら驚いた。

凄い御馳走がずらりと並べられていたのだ。残りものどころか、これはどう見ても私のためにわざわざ作ってるよねって感じ。その時そのお寺に泊まっていたのは私だけだったから、これは本当に私一人だけのために作ってくれたのだ。全く恐縮するばかりだった。これは面倒なことを頼んでしまったかなぁ。

しかも三日間お世話になってそこを出るとき、お坊さんは私の渡した食事代を受け取ろうとしなかった。

「貴方はまだまだ旅を続けるんだから、これは持っておきなさい」

と言って、仏さまその人のように優しい目をしてにこにこと笑うのだった。

仏跡巡りの間、お世話になったお坊さんは皆仏様のように優しかった。「仏」という字に手足を付けたら「私」になる、と何かの本で読んだことがある。人間は手足を与えられた仏様なのだ。

実はこのお寺には、別の町で十一年前にお世話になったことのあるお坊さんがいると聞いて訪ねてきたのだ。残念ながらその人は留守で会えなかったけど、もう一人のこんなに優しいお坊さんとの新しい出会いがあった。その人と再会することは、又今度の楽しみに取っておこう。

有難う、親切にしてくれて。

私は次の場所への行き方を教えてもらって、そのお寺を後にした。


最後に訪れた場所で、お釈迦様の弟子の一人、アングリマーラのお墓を見たとき、私は少し驚いてしまった。師匠に騙されて百人もの人を殺した後にお釈迦様に帰依《きえ》したアングリマーラという人が、実在の人物だったとは思っていなかったのだ。

真面目さゆえに間違いを犯してしまった哀れな人とはいえ、そういう殺人鬼を許したお釈迦様の勇気にはただ感服するばかりである。

だけどお釈迦様は、アングリマーラに殺された人達の家族の気持ちについてはどんなふうに考えていらしたんだろう？

自分の家族が殺されたりしたら、相手に仕返しをしてやりたいと思うのは人間として自然な感情のはずではないか。被害者には相手を憎む加害者になる正当な権利があるはずなのだ。

それをどうやって許しへと導いていかれたのだろう？　どうやったら人を裁かないでいることができるのだろう？

世界中でテロが頻発《ひんぱつ》している今、お釈迦様に訊いてみたい気がした。


そこにある遺跡公園の中はよく整備されていて美しかった。

中には木陰で瞑想するお坊さんや、歌うようにお経をあげている巡礼団や、ここで働いているのか何なのかよく分からないインド人が何人かで固まってダベッたりしていた。

中をプラプラ歩いていると、

「地図は要らないか。あんた日本人かい？　ほら、これが日本語版だよ」

と、地図売りのおじさんが寄ってきた。

見せてもらうと、それはおじさんが自分で描いたような手描きの地図だった。

彼はこの手描きのような遺跡公園の地図を何枚も持っていて、地図は日本語、中国語、タイ語など各国の言葉のものが揃えてあり、ここが寝室、ここが台座などと書いてある。

「どれどれ。あ、ふーん。ここが寝室だったのか」

他もそうだが、遺跡公園は百ルピーも入場料を取るくせにパンフレットの一枚もなく、遺跡の前にも何の説明も書いていないから、一人で歩いていても何が何だかわからない。中にいるインド人が、ガイドをしよう、と、すぐに寄って来るのだが、私は一人で感慨《かんがい》に耽《ふけ》りたいのでいつも断っていた。だから結局いつも分からないままだ。

私は地図を見て大体の配置を頭に入れ、おじさんに返すと、「要らないのかい」と、おじさんは悲しそうな顔をした。

日本人に頼んで書いてもらったのか、下手くそな字の手描きの地図は、おじさんが一生懸命作ったんだろうなぁ、と思うと何だか微笑ましく、買っとけばよかったかな、と少し後悔する。あんな出来の悪い、人間味のある地図はそうそう手に入るもんじゃない。

あの人はあれで生計を立てているのかなぁ。逞しいというか、のんびりしているというか。

又プラプラ歩いていると、ここで働いている人なのかどうか、インド人が寄って来て勝手にガイドしてくれる。

「ここがお釈迦様が水を飲んだ井戸だよ」

「え。ほんと？」

凄い、凄い。お釈迦様と同じ水だ。二千年以上前からある水だ。

私もすぐにお釈迦様も飲んだという井戸の水を大喜びで飲み、水筒にも一杯詰めて得した気持ちになった。何だかお釈迦様と同じ釜の飯を食べたような気分だ。

そうだ、そういえば遍路の時もお大師さまゆかりの水場が沢山あって、その水を飲むたびにまた歩き続ける力を貰ったんだったなぁ。

一つの遺跡の前に立ってみた。さっき見た地図を思い出してみると、そこはお釈迦様の寝室だった場所のはず。そこでぼーっとしていると又別のインド人が来て、

「ここが寝室だよ。この入口の柱には沢山金箔《きんぱく》が貼ってあるだろう。巡礼たちがここでお祈りするんだよ」

とガイドしてくれる。なるほど、そこには金箔がびっしりだ。巡礼たちはここに来てどんなお祈りをするんだろう。

そして彼は、

「あんたもここでお祈りしたらいいよ」

と言って、金箔を一枚くれた。大切な商売物のはずなのに。

ヒンディー語を話し始めると、元々親切だったインド人は信じられないくらい親切になった。食べ物や飲み物をもらうのはしょっちゅうだし、お土産屋さんは手作りの指輪をプレゼントしてくれたりする。私のヒンディー語はまだまだ下手っぴだし、インドは大好きだけど、旅行者としてちょっと眺めているだけで実はあんまりよくインドのことも分かっていないのに、それでも彼等は受け入れてくれる。

彼等は心から、何とかこのヒンディー語を少し話す訪問者に親切にしてあげたい、と思っているようだった。そんな彼等の誠意がひしひしと伝わってくる。

お釈迦様が説法するときに座ったという台座を見たとき、どうしてだかわからないけど涙がぽろぽろこぼれた。悟りを開いたお釈迦様が、かつてここに座っていたのだ。お釈迦様がかつて本当に存在してここにいたのだ。頭ではわかっていたけど、その事実が実感として胸に迫ってきて、私はただ嬉しかったのだ。

お釈迦様ってどういう人だったんだろう。どんなに美しい人だったんだろう。ここの台座に座って、どういう声で、どういうふうにどんなお話をされたんだろう。

お釈迦様に会ってみたかったなぁ。同じ時代に生まれ合わせた人達はラッキーだなぁ。お釈迦様って本当にいたんだなぁ。

私はお釈迦様のような人がかつて存在していたということが嬉しくて、お釈迦様がかつて居た場所に自分も来られたということが嬉しくて、お釈迦様を感じられたことが嬉しくて、お釈迦様に出会えたことが嬉しくて、私はただただ嬉しいのだった。

ああ、仏跡巡りできて本当に良かった。お釈迦様が導いてくれていたんだなぁ。

かつて二千年以上も前に、この地球上に現れたお釈迦様。肉体はなくなってしまってもお釈迦様は今も確かに生きていて、今も私達を導いて下さっている。それを感じるからお釈迦様の縁《ゆかり》の地には寺が建ち、今もこうして世界中から人々が集まってくるのだ。そしてその場所で人々は確かにお釈迦様に出会い、その安心の中に抱きこまれて、苦しみは癒され、悲しみは慰められ、全ては許されて、心には潮が満ちていくようにゆっくりと甘美な平安が広がっていく。

お釈迦様の場所は、どこもゆったりと包みこんでくれる優しさに満ちあふれていて、どこも美しい。

聖地を訪れると、そこの清らかなエネルギーによって私達は浄化される。そして私達はお経をあげたり祈りを捧げることによって聖地を浄化する。

聖地というのは、こうやって常にそこを訪れる人の祈りの力によって、いつまでも聖地たりえるのだ。

今回の仏跡巡りは、結局ビザが切れてしまったので最後の一ケ所に行くことができなかった。

しかし、これはお釈迦様が私に残してくれたプレゼントのような気がしている。

いつになるか分からないけど時期が来てそこへ行ったとき、ジグゾーパズルの最後の一枚をパチッとはめたときのように、私の中で何かが完成されるのかもしれない。

あーあ、一ケ所間に合わなかった、と残念がることもできる。しかし要は考え方一つ。目には見えなくても実は着々と準備は進められていて、ほんの少しの気候の変化で一気に枯れ木に花を咲かせる桜のように、そこへ行ったら余りに嬉しいことが待っているから、楽しみは大事に取っておきたいんだ、きっと。そういう楽しい空想をしながら、私はその時が来るのを待って一人でにやけている。

なんたってお釈迦様は私の永遠の憧れの人だから。


お四国を歩いたときもそうだしヒンドゥーの聖地巡りをしたときもそうだが、巡礼というのは実に不思議な体験である。

まるで私の中に何か別の大きな力が入ってきて、それに動かされているような感じなのだ。言い替えれば、私が自分で行動しているのではなく、目に見えない乗り物に乗って何かに運ばれているような感じなのだ。移動嫌いの私が毎日、あるいは数日おきに移動するなんて、これは自分の力でできることではない。

私は普通ガイドブックは持たないので、詳しい行き方や宿の状況など、細かいことは分からない。しかし何を考えても考えなくても、心配してもしなくても、不思議なことに必要な物は必ず与えられる。そこここに助けてくれる人は前もって配置されていて、時には、その人達は私をそこへ連れていくためだけに此の世に現れたのではないかとさえ思えるときがある。道に迷う前に道標は私の見るところに出現し、必要になる物もあらかじめ誰かの手を通して私の元に来る。

　実際に動いている間は分からないのだが、終わって暫く時間を置いて思い出してみると、いつも誰かが見守って、導いていて、糸でも引っ張っていたんじゃないかという気がするのだ。

　聖地巡礼というのはこういうものだ。呼ばれないと他のどういう条件が整っていても行けないし、逆に呼ばれれば必ず連れて行ってもらえるのだ。

　誰に？　お四国ならお大師様だし、ヒンドゥーの聖地ならヒンドゥーの神様だし、仏跡ならお釈迦様である。

　そこへ行きたいという考えが浮かんだ時、それはその場所との縁が結ばれたとき。そして時期が来ればそこへ行くための条件は自然に整えられ、全ては準備され、何者かに押し出されるように身体は勝手に動いていく。草ぼうぼうでとても歩けないように見えたところにも道が現れ、自分が行くべき方向がはっきり分かる。

　そう、聖地というのは自分で行くのではなく、連れて行ってもらう場所なのだ。

　遍路が歩くお四国にはお接待という美しい風習が残っていて、土地の人は遍路をお大師様と思って大切にしている。そして彼等に食べ物や飲み物や寝る場所やお金や労《ねぎら》いの言葉などをプレゼントしてくれる。多分聖地巡りをしているサドゥも、そのように沢山の人からのお接待の恩恵に与かっているのだろう。

　だから本当は聖地巡りをするのに必要なものは何もない。そこに行くためのお金も時間も情報も、そして体力や気力さえ、必要なものは全て与えられるからである。

そのことを身をもって知っているから、サドゥは裸一貫で何の心配も不安もなく、全てを委《ゆだ》ねて聖地を歩いているのではないか。彼等の中には人間を超えたものに対する絶対的な信頼があって、だからあらゆる心配や不安から解放されているのではないか。彼等はノープロブレムの世界にいるのだ。

心配や不安というのは、ちっぽけな我の力だけに頼っているところに起こってくるのであり、だからそのちっぽけな自分を遥かに超えたものの存在を知って、その計らいに自分自身を明け渡してしまった時、そこにはただ感謝と平安と安心があるばかりなのだろう。そして多分それを無我の境地というに違いない。その境地に入ったとき、自分の力で頑張らなくても全ての事はスルスルと運び、楽を極めた人生が展開するのだろう。それを極楽と呼ぶのだ。

何か悪いことが起こるかもしれない、うまく行かないかもしれないという不安は、その不安自体がエネルギーとなってまさに恐れていることを引き寄せる。そして安心は安心できる状況を引き寄せ、感謝は感謝できる状況を引き寄せるのだ。

多分サドゥというのは究極の五才の子供なのだ。五才の子供には今日の御飯の心配も今夜の寝床の悩みもない。全ては親が与えてくれることを知っているからである。

聖地というのは光である。だからそこへ行く方法はただ一つ。明るい方を向いていれば良い。聖地は必ず導いてくれている。そしてその声を聞く方法はただ一つ。いま自分がどうしたいかを感じていれば良い。

そして又、光を見失わない方法も、正しく心の声を聞く方法もただ一つ。神様に全てを預けて、自分が導かれていることを信じて、安心していればそれで良い。

安心して、明るい方を見て、心の声に従っていれば、聖地へは必ず行ける。

そして聖地というのは、何も特別な場所やお寺のことではない。私達人間の人生というのは、実は聖地を目指して歩いている旅なのだ。

誰もそれぞれ聖地へと至る自分の道を歩いていて、人間は、本当は誰も光へ到達しようとしている光なのだ。

きっとそうだろうと私は思う。

# ありがとうインド

一年半後インドを旅して帰国してみると、私は自分の一番近くに神様がいたのを発見した。

それはお母さんだった。

「お母さんは神様だぞ」と言ったチャンディの言葉を私は思い出した。

遠くまで行かなくても、幸せの青い鳥は初めからここにいたのだ。

当り前にいつもそこにあるもの、当り前に一番近くにいる人、当り前過ぎて普段気付かないものこそが、実は一番価値のあるものなのだ。本当は当り前のものなど何もない。それこそが、宝石のように輝いている宝物なのだ。

帰国して私はお母さんがいることを発見し、そして自分がいることを発見した。

そしてそれは、何と有難いことだろう。


私が生きてここにいるというのは、何と不思議なことだろう。

世界が当り前に存在しているというのは、何と不思議なことだろう。

毎日一秒の狂いもなく太陽を昇らせているのは誰だろう？

夜眠っている間にも心臓を動かしているのは誰だろう？

朝顔の種から必ず朝顔の花が咲くという不思議を創り出しているものは？

此の世に男と女を半分ずつ創りだし、そしてその男と女が出会って愛し合えば、新しい命が生み出されるという不思議を起こしているものは？

此の世に土と空気と水と光を創り、それらの結合から食べ物が現れるという不思議を起こしているものは？

そしてそれを私達のために用意してくれているのは誰だろう？

私達はただこの恵みをおいしいおいしいと言って喜んで食べていれば、それだけで命を繋いでいける。取り込まれた食物から栄養分だけを選んで吸収し、それを生きるエネルギーに変えていく作業は身体が勝手にやってくれるから。

だけどそんな精巧な身体を組み立てたのは誰なんだろう？

人間は未だかつて自分で頑張って心臓を動かしたことはないし、未だかつて夜が明けなかったらどうしようと心配したこともない。そしてそれは、なんと安心なことだろう。そもそも私達は、初めから自分の力で頑張って生まれてきたわけではないのだ。

世界を生み出し、命を生み出し、人間を生み出し、そして生かそうとする、人間を遥かに超えた力が、この世界には確かに存在するのだ。それならその力が、その力によって生み出された私を生かそうとしないはずはない。

初めの頃、インドでは随分嫌な目にあった。しかし、どんなに受け入れがたく思えることも、過ぎてみれば、それらは全て私に何かを気付かせるためにやってきたものだったと分かる。

人間は自分の間違った心から自分で苦しみを作りだし、その苦しみを通してしか学べないように創られているようで、だから悪いことが起こったように見えても、そこから何かを学び取っていけば、悪く見えたことは良いことに変わる。全ては自分に必要で意味があるから現れてきているのであり、私を生かすために起こっている。だから悪いことは起きようがないのだ。

この世界には、人間を超えた、完全無欠、全智全能の愛に満ちた力が確かにある。全てのことはこの力によって操作されていて、物事は起こるべくして起こっている。そして全てのものはこの力によって守られているのだ。

だから安心して任せておけばそれでよい。たとえどんなに悪く見えることが起こったとしても、それは不完全な人間の知恵では知ることのできない、神様の完全な計らいの元に起こっている良いことなのだ。だから何が起こっても全てノープロブレムと肯定すれば良い。

あるがままを肯定したとき私達の中に力が生まれ、光が射し、今ここがそのままで極楽に変わる。

不安は希望に変わり、怒りは感謝に変わり、悲しみは、また喜びに変わる。闇は光に変わり、今ここに既にある自分の中の極楽を発見する。はじめからずっと極楽の中にいた自分を発見するのだ。

インドという国はいくら扉を開けても又次々に新しい扉が現れて、思いもしなかった世界が展開していくところ。そしてそれは、自分の心の扉を開けていくということなのだ。

だからインドの旅は私の中で眠っている本当の私に出会っていく旅。そしてその本当の私は、実は神様で、だからインドの旅は、神様と出会っていく旅でもあるのだ。

その神様は、どんな人の中にも眠っている。多分それを仏性と呼び、分霊《わけみたま》と呼び、アートマンと呼ぶのだろう。

インド、それはノープロブレムの国。そして人生、それはノープロブレムの旅。

そうだ。神様が必ず守ってくれている。必要なものは既に与えられているし、全てのことは既にうまくいっている。だから何も心配しないで安心して楽しんでいれば、それでいい。これからも必要なものは必ず与えられるし、全てのことはきっとうまく行く。私達は既に今ここにある幸せに、ただ気付くだけでいい。

だから、これがインドのメッセージ。

「ノープロブレム」

沢山の笑顔に出会えた。沢山の優しさに出会えた。沢山のことを教えてくれた。インドはいつも笑っている。

皆がほんの少し幸せになれば、世界はほんの少し平和になる。

ありがとう、インド。

神様はありがとうの中にいる。

ひのもと由利子

福岡生まれ。
18才の時に渡英し、以後、通算7年間で20数ヶ国を放浪する。
著書『インド　ノープロブレムへの旅』(石風社)

インド　やっぱりノープロブレムへの旅

二〇〇四年八月三日初版第一刷印刷
二〇〇四年八月三十日初版第一刷発行

著　者　ひのもと由利子
発行者　福元満治
発行所　石風社
福岡市中央区渡辺通二—三—二四　〒810-0004
電　話　〇九二（七一四）四八三八
ファクス　〇九二（七二五）三四四〇

印　刷　九州電算株式会社
製　本　篠原製本株式会社

＊表示価格は本体価格（税別）です。定価は本体価格＋税です。

中村　哲
辺境で診《み》る　辺境から見る
「ペシャワール、この地名が世界認識を根底から変えるほどの意味を帯びて私たちに迫ってきたのは、中村哲の本によってである」（芹沢俊介氏、「信濃毎日新聞」）。戦乱のアフガンで、世の虚構に抗し黙々と活動を続ける医師の思考と実践の軌跡　（3刷）一八〇〇円

中村　哲
医者　井戸を掘る　アフガン旱魃《かんばつ》との闘い
＊日本ジャーナリスト会議賞受賞
「とにかく生きておれ！　病気は後で治す」。百年に一度と言われる最悪の大旱魃が襲ったアフガニスタンで、現地住民、そして日本の青年たちとともに千の井戸をもって挑んだ医師の緊急レポート　（9刷）一八〇〇円

中村　哲
医は国境を越えて
＊アジア太平洋賞「特別賞」受賞
貧困・戦争・民族の対立・近代化――世界のあらゆる矛盾が噴き出す文明の十字路で、ハンセン病の治療と、峻険な山岳地帯の無医村診療を、15年に亘って続ける一人の日本人医師の苦闘の記録。（6刷）二〇〇〇円

中村　哲
ダラエ・ヌールへの道　アフガン難民とともに
一人の日本人医師が、現地との軋轢、日本人ボランティアの挫折、自らの内面の検証等、血の噴き出す苦闘を通して、ニッポンとは何か、「国際化」とは何かを根底的に問い直す渾身のメッセージ　（3刷）二〇〇〇円

中村　哲
ペシャワールにて　癩《らい》そしてアフガン難民
数百万人のアフガン難民が流入するパキスタン・ペシャワールの地で、らい患者と難民の診療に従事する日本人医師が、高度消費社会に生きる私たち日本人に向けて放った、痛烈なメッセージ　（8刷）一八〇〇円

丸山直樹
ドクターサーブ　中村哲の十五年
「真実を、その善性を、中村は言葉で語らない。ただ実行するだけである」（本文より）。パキスタン・アフガニスタンで、年間二十万人の診療態勢を築き上げた日本人医師の十五年の軌跡を活写するルポルタージュ　（4刷）一五〇〇円

甲斐大策
## 聖愚者の物語

血を代償に高潔を保ち、生命を代償に神を知るアフガン。職人・物乞い・族長・戦士・山の民……近代が遠く置き去りにした愚直にも聖《きよ》き者たちの世界を描く四七編の掌篇小説集

一八〇〇円

---

甲斐大策
## 生命《いのち》の風物語
シルクロードをめぐる12の短編

苛烈なアフガニスタンの大地に生きる人々。生と死、神と人が灼熱に融和する世界を描き切る神話的短編小説集。「読者はこの短編小説集に興奮する私をわかってくれるだろうか」（中上健次氏）

一八〇〇円

---

甲斐大策
## シャリマール
シルクロードをめぐる愛の物語

イスラム教徒でもある著者による、美しいアフガンの愛の物語。禁欲と官能と聖性、そして生と死の深い哀しみに彩られた世界が、墜落感にも似た未知の快楽へと誘なう中編小説集（泉鏡花賞候補作）

一八〇〇円

---

土本典昭〔編〕 土谷遙子〔解説〕
## アフガニスタンの秘宝たち
カーブル国立博物館1988

1988年、内戦のさなか、映画制作の過程で奇跡的に撮影されたシルクロードの遺産。失われたアフガニスタンの秘宝多数を収めたポストカード・ブック（絵葉書24点収録・解説附）
*高岩仁・外山透〔撮影〕

一五〇〇円

---

〔文・写真〕尾崎三雄
## 日本人が見た'30年代のアフガン

1935年～1938年、アフガニスタンを訪れた一人の農業指導員とその妻が残した、在りし日のアフガニスタンの貴重な記録。異文化の中で葛藤する明治日本人の心の内面と苛酷な日常を克明に記す

二五〇〇円

---

ひのもと由利子
## インド　ノープロブレムへの旅

ひとはなぜインドに惹かれるのか、ひとはなぜインドにはまるのか――おんな一人、ディープで笑える痛快旅日記。〔目次〕ガンガーは流れるゆったりと／サドゥってなに／光の道・聖地へ／森の中のヨーガアシュラム／ヒンディ語なんか分からナヒーン／一人旅でも一人じゃない他

一五〇〇円

---